お金の「引き寄せ力」を知りたいあなたへ

ルナロジー創始者

Keiko

「リッチになりたい！
でも、その方法がわからない……」

そんなあなたに
この本を捧げます。

リッチになるコツは3つ。
1．リッチマインドを身につけること
2．お金の性質を知ること
そして……

あなたの
3．月星座を使うこと

月星座が教えてくれるのは
あなただけの「金脈」。

リッチに通じる扉は
その中にあるのよ。

はじめに

　2016年、月星座入門書のつもりで書いた『自分の「引き寄せ力」を知りたいあなたへ』(マガジンハウス刊)。
　おかげさまで非常にたくさんの方々に読んでいただき、最近では、初めてお会いする方が自己紹介を兼ねて「私、月は○○座です」とおっしゃってくださるほど（笑）。
　それ以外にも、いろんな所で「月星座」という言葉を見たり聞いたりするようになったのは、みなさんがそれだけ、月星座に納得してくださってるからだと思うのね。
　今回の本はズバリ、「お金」がテーマ。お金は生きていくうえで必要不可欠なものなんだけど、それだけに、問題や苦手意識を抱えてる人が多いのも事実。実際、本屋さんに行くと、ビジネス書やお金儲けのノウハウ本がゴマンとあるわよね。
　それはそれでよしとして、私はこのお金というめちゃ現世的なテーマを、「月星座」の観点から解説していこうと思うの。

　「お金」ってじつは、月星座がもっとも得意とする部分。というのも、「豊かで快適な暮らし」を作り出すのが、月本来の役割だからなのね。
　そもそもお金の引き寄せ方って、人によって違うのよ。Aさんが成功した方法でBさんが成功するとは限らないし、Cさんが巨万の富を得た商品をDさんがそのまま売ったところで、ぜんぜん売れなかったりする。
　それは、人それぞれセンスや適性、相性のいい分野が違うから。つまり「金脈」が違うからなのね。そして、その金脈を教えてくれるのが、月星座。

　「いくら頑張ってもお金にならないのはナゼ？」
　「どうしたらリッチになれるんだろう？」
　もしそんなふうに思ってるとしたら、自分の月星座を使ってみて。「今そこそこリッチだけど、もっとリッチになりたい！」というあなたにも、もちろん月星座は有効よ。
　月星座に沿った仕事やライフスタイルを選べば、お金は自動的に入ってくる。
　そう、息を吸えば酸素が入ってくるように、ね。

CONTENTS

はじめに 6

CHAPTER1
お金は「リッチマインド」で作られる

「生きる姿勢」がお金を決める 14
お金は「豊かさ」というエネルギーの一部 15
プアな人とリッチな人の違い 16
リッチマインドがすべてのカギ 17
「自分への投資」がリッチマインドを作る 19
「貯める」は縮小のエネルギー 19
リッチになりたいなら「種」をまく 21
お金は何に遣うべき？ 22

COLUMN 1
財布は「使い始める日」ですべてが決まる！ 23

新しい「体験」をするとチャンスが増える 25

リッチマインドは「知性」と「感性」で作る 27
「会いたい」と思われる人になる 27
宇宙では「与える人」が優遇される 28
与えることで「スペース」を作る 30
リッチになる「最強の習慣」 31

COLUMN 2
月星座はあなたに宿る過去世の記憶 33

自分で「リッチスパイラル」を巻き起こす 34
お金は循環させて大きくする 35
お金がないなら「時間」や「労力」を差し出す 37
「情報」を惜しみなく与えるT君 38
大胆に与える人には、大胆な額が入ってくる 39
まわりを幸せにすると自分がリッチになる 40
自分の運がイマイチなら、人の運を育てる 42
自分の中に「無限にあるもの」を使う 42

SPECIAL COLUMN
プアとリッチを分ける22のルール 45

CHAPTER 2
月の12星座でわかる
お金の「引き寄せ力」

月星座はあなたの「金脈」 54
J.P.モルガンも占星術を使って財を成した 54
月とお金のふか〜い関係 55
今回は「お金」に絞って 56
月星座と太陽星座の違い 57
月星座でリッチになったH美ちゃん 58
月星座の分野に集中して売上げ2倍！ 59
自覚すればますますリッチに 60
お金の引き寄せ方は「月星座」によって違う 60
お金の性質を理解し、月星座を使うのが最強 62

月星座 牡羊座 のあなた 65
―― 起業独立がリッチへの最短距離

月星座 牡牛座 のあなた 77
―― 並外れた五感の良さを仕事に活かす

月星座 双子座 のあなた　89
　　──── もっとも得意な分野で情報のアウトプットを

月星座 蟹座 のあなた　101
　　──── 家でやっていることが独自のビジネスに発展

月星座 獅子座 のあなた　113
　　──── エンターテイメント性のある華やかな世界

月星座 乙女座 のあなた　125
　　──── 人の役に立つ喜びを積み重ねる

月星座 天秤座 のあなた　137
　　──── ハイソで美しい仕事が社交性にマッチ

月星座 蠍座 のあなた　149
　　──── ダイヤモンドの原石を掘り当てる

月星座 射手座 のあなた　161
　　──── 独自の開拓力に広める力をプラスする

月星座 山羊座 のあなた　173
　　──── 歴史と伝統を持つ老舗ブランド

月星座 水瓶座 のあなた　185
　　──── インターネットと最先端のトレンドを意識

月星座 魚座 のあなた　197
　　──── ファンタジックな感性をモノや空間で表現

おわりに　210
巻末付録：自分の月星座を調べよう　212

デザイン：白畠かおり
写真提供
Faenkova Elena, espies, robinimages2013, 2xSamara.com
Johnathan Ball, Ruslan Iefremov, Podvysotskiy Roman
Anna_G, Daleen Loest, IVASHstudio, Garsya
Subbotina Anna, Africa Studio ／ Shutterstock.com

CHAPTER 1

お金は
「リッチマインド」で作られる

「生きる姿勢」がお金を決める

　お金は「あなたの生き方」そのもの。

　チマチマ生きてる人のところへはお金もチマチマしか入ってこないし、ダイナミックに生きている人のもとには、お金もダイナミックに入ってくる。

　慎重におそるおそる生きている人のところには、お金だっておそるおそる。優柔不断で決められない人のもとへは、お金だって行く決心がつかないわ。

　お金って、ほんとうにシンプル。複雑なことは何ひとつない。

　あなたが発してるエネルギー、そのままなのよ。

　お金には感情がないし、男女関係にあるような「相性」なんてものもない。お金を引き寄せられるかどうかは、その人のエネルギー次第なのね。

　もしあなたがプア（お金がない）だとしたら、あなたの発してるエネルギーがプア。ものの見方や考え方、そして生き方がプアだということ。失礼な言い方かもしれないけど、そうとしか言いようがないのよ。

　世の中には、お金に対する苦手意識があったり、そうでな

くても「お金＝特別なもの」と思っている人も多いようだけど、お金はぜんぜん特別じゃないし、それだけが独立して存在するわけでもない。

　お金はあなたが発するエネルギーの一部であり、あなたの「意識」と「生き方」の延長線上にあるもの。

　だから、リッチになりたいならお金だけを取り出して考えるんじゃなくて、あなたの意識、ものの見方、考え方、そして感性と感情までもリッチにしないといけないのね。「生きる姿勢」からリッチにしないと。

お金は「豊かさ」というエネルギーの一部

　お金というのは、エネルギーのひとつ。「豊かさ」というエネルギーの一部なのね。宇宙には「同じ波動のものは引き合う」という法則があるから、豊かさの一部であるお金は、豊かなエネルギー（＝波動）を放つ人のもとへ集まるようになってるの。

　であれば、ことはカンタン。リッチになりたかったら、日々の生活のひとつひとつを豊かさで満たし、あなた自身がリッチな波動を放つ人になればいいだけのこと。

＊心を豊かにする
＊感性を豊かにする
＊知性を豊かにする
＊食生活を豊かにする
＊人間関係を豊かにする
＊趣味を豊かにする

　リッチな波動を作るには美しいものを見たり聴いたりして感性を磨くことも必要だし、価値あるものに触れて「本物はどこが違うのか」を体感してみることも必要。
　と同時に、恋をして感情の機微を味わったり、ときに失敗して悔しい思いをすることだって意味がある。

　豊かさというのはポジティブなものだけでできてるわけじゃない。いろんな経験をしてこそ、豊かさは生まれるのね。

プアな人とリッチな人の違い

　リッチな人に共通していえることは、考え方や意識がリッチだということ。そして何より、生き方がリッチ。
　これは、必ずしも「贅沢している」という意味ではなく、

豊かな生き方が身についている、とでも言うのかしら。自分ばかりでなく、豊かさが自分以外の人々にまで行き渡るような生き方をしてるのね。
「プアな人は自分の豊かさだけを考え、リッチな人は自分以外の豊かさまで考える」──プアな人とリッチな人の違いを一言でいうなら、こういうことかもしれない。
「お金がたっぷりあったら、人のことまで考えられるに決まってるじゃない！　私だってリッチになったらそうするわ！」というのは、浅はかな考え。
　リッチな人は、リッチになってから周囲のことを考え始めたわけじゃない。そういう意識があったからリッチになったのよ。物事にはすべて、原因があって結果があるのだから。

リッチマインドがすべてのカギ

「豊かさ」というエネルギーは、さまざまな要素で出来上がってる。日々の生き方や習慣によっても豊かさは作られるけど、とはいえ、その大元は「意識」。
　意識を豊かにする──つまり「リッチマインド」を作ることであなたのエネルギーは自動的に豊かになり、そして、同じ波動を持つお金と引き合うようになるの。

「意識だけリッチにしたってお金はついてこないわ!」と思ったかしら。たしかに、意識「だけ」リッチにしたって、リッチにはなれないかもしれない。でも、意識すらもリッチにしなかったら、リッチには永遠に近づけない。

　リッチマインドを作ることは、リッチになるための「最低条件」なのよ。

　意識というのは、たとえるならあなたの、「土壌」もしくは畑。肥沃な土壌には、種をまくと(場合によってはまかなくても)勝手に芽が出て実がなるでしょ？　逆に、痩せた土地には、どれだけ肥料を与えたところで、たいした作物はならない。

　つまり、豊かさを生み出す決め手は「肥沃な土壌を持っているかどうか」。

　お金という豊かさを手にしたいなら、まずはあなた自身が、リッチマインドという「肥沃な土地」を持っていないといけないのね。

　とはいえ、万が一持っていなくても、心配は無用。意識という土壌は、これからいくらでも耕せる。いくらでも肥沃な土地にできるの。そう、リッチマインドは作れるのよ。

「自分への投資」がリッチマインドを作る

「リッチマインド」を作るにはどうすればいいか？

ひとつには、花を飾る、美しい音色を聴く、大自然のエネルギーに触れるといった「この世の豊かさ、美しさを味わう」という方法。暮らしの中に波動の高いものを取り入れるわけね。とはいえ、これだけでは十分じゃない。

肥沃な土壌を作るには「耕す」という作業が必要――つまり、「自分に投資すること」が必要になってくるの。

リッチマインドを作るのに、「自分への投資」は必要不可欠。自分自身にお金をかけられない人が、大きなお金を引き寄せられるわけがないじゃない？　自分自身に「潔くお金をかけられるかどうか」は、プアとリッチの分かれ目とも言えるわ。

いいものを観る、聴く、食べる、触る、嗅ぐ。そして、学ぶ。五感を満たすこと、学ぶこと。そして、体験することにお金を遣う。そして、人と知り合う。これが最高の投資法よ。

「貯める」は縮小のエネルギー

「投資」にはもちろん、それ相応のお金がかかる。ちっぽけな額だったら投資とは言わないものね。

　その際、障害になってくるのが、お金を遣うことに対する「罪悪感」。
　みなさんの中には「貯金しなさい」と言われて育った方も多いと思うの。でも、本気でリッチを目指すのであれば、「貯金最優先」という考え方は手放したほうがベター。「貯める」というのは、リッチにもっとも縁遠い行為だからよ。
　たしかに、貯めれば残高は増えるかもしれない、でも、やりたいこと、学びたいことを止めてまで貯金にまわしてしまうと、逆に、あなた自身のエネルギーが低下してしまうの。

　「結婚式の２次会に誘われたけど、（お金がもったいないから）行かない」「観たい映画があるけど、（お金がもったいないから）行かない」「次の連休は旅行に行きたいけど、（お金を使いたくないから）行かない」……万が一、あなたがこんな選択の仕方をしているとしたら、それは今すぐ改めるべき。「お金を遣わない」ことを最優先するようになったとき、人間的な成長はそこで止まってしまう。
　遣わないという行為は「縮小」のエネルギーだからよ。
　２次会に行っていれば、そこで運命の出会いがあったかもしれないし、有益な情報が入ってきていたかもしれない。

　旅行に行っていたら、そこで得たインスピレーションが素晴らしい作品を生み出していたかもしれない。
　運もチャンスも「動くこと」で入ってくるから、動かないという選択をした時点で、チャンスをシャットアウトしたも同じこと。お金を優先したがためにチャンスを逃してしまっていたとしたら……あまりにも残念じゃない？

リッチになりたいなら「種」をまく

　この世には、「ためる」ことで発展するものがほとんどない。疲労をためると病気になる、贅肉をためると太る、感情をため込むと人間関係が悪化する……こんなふうに、「ためる」ことは「衰退」につながるのよ。
　お金はね、「お金」と思わないほうがいい。「豊かになるための種」と考えてほしいの。
　作物を収穫したいと思ったら、まず種をまくでしょ？　お金だって、それと同じ。
　お金を遣わなきゃ成長できないし、リッチにもなれない。お金を遣わないで貯めておくのは、「種は持ってるけどもったいないからまきません」と言ってしまってるようなもの。これじゃあ、チャンスの芽が出るはずがないわ。

リッチになりたいなら、まず種をまくことよ。

お金は何に遣うべき？

　リッチマインドを作るには、自分への投資が必要不可欠。とはいえ、何でもいいからバンバン遣いなさい！っていうことじゃない。お金は、「さらにお金をつれてくるもの」に遣うのが賢い方法。
　その最たるものが、「勉強」。
　およそ私のまわりにいるリッチな人達の中で、勉強にお金をかけてこなかった人は誰一人としていない。たとえば、実業家のO氏。彼はいま60歳なんだけど、先日お会いしたとき、こんなふうにおっしゃってた。「今まで勉強にかけたお金を計算してみたらさ、1億6000万円超えてたよ！」
　まあ、O氏の投資額は破格としても、1000万円単位のお金を勉強に投資している人は、いくらでもいる。ほんと、いくらでもいるのよ。
　勉強は、この世でいちばん「ローリスク・ハイリターン」な投資。リッチな人達は、そのことをよーく知っている。体験として知っているの。だからこそ、勉強にかける費用を惜しまないのね。

財布は「使い始める日」で すべてが決まる！

　お金に直結するアイテムといえば、やはり「財布」。「黄金の財布は金運をよぶ」「ヘビ革で巨万の富！」「二つ折りはNG」……等々、お財布に関する迷信らしきものはいろいろあるけれど、いちばん重要なのは色でも素材でもなく、「使い始める日」。あなたが実際、「お財布の中にお金を入れて、初めて買い物をする日」が重要なのですよ！

　お金を入れて買い物をする日というのはつまり、お財布にとっての「誕生日」。と同時に、お財布があなたのために機能し始める日でもあるのね。人の一生が誕生日のエネルギーでおおむね決まってくるように、財布の一生もまた、あなたが使い始める日のエネルギーで決まってくるの。「お金を吸い寄せる財布」を作りたいなら、使い始める日をしっかり選ばなければ。

　チャンスは、年に４回──「**①牡牛座新月②蠍座満月③蠍座新月④牡牛座満月**」。牡牛座と蠍座は「お金」を扱う２大星座。牡牛座と蠍座で新月・満月が起こるときは、地上に「富と豊かさのエネルギー」が降り注ぐ。この日新しい財布をおろして使い始めることで、最強の金脈を引き寄せることができるのよ。

　覚えておいてほしいのは、勉強は「人脈を作る最高の場」でもあるってこと。個人授業でもないかぎり、勉強するときは仲間やクラスメートがいるでしょ。
　その人達とのつながりこそ、一生涯の財産。
　万が一、勉強したことが直接お金につながらなかったとしても、そこで培った友情があなたの人生を変えることはいくらでもあるし、先生やクラスメートとの会話から大きなヒントを得ることだってある。
　勉強はけっして、知識やスキルを学ぶだけのものじゃない。人生に必要な「出会いやチャンスが与えられる場」でもあるの。
　友人のK君はMBAをとるために、会社を辞めて私費留学。そこでのクラスメート4人とベンチャー企業を立ち上げアメリカで大成功してるし、E実ちゃんは、フランス料理を習っていたときのクラスメートと結婚、2つのレストランを切り盛りしてる。私自身、留学時代同じクラスだったギリシャ人とビジネスを展開してるわ。
　こんなふうに、勉強への投資には学ぶこと以上の付加価値があるの。そこから得られるものは、計り知れない。
　リッチになりたいなら、まずは勉強すること。興味あるこ

とを学んでみること。自分に学びの場を与えることよ。

大学院とか養成機関とか、そんなだいそれた勉強じゃなくてかまわない。趣味の延長でいいの。一日入学や体験コース、3日間の集中セミナーといった短期間のものでも全然OK。新しい知識と情報を取り入れることにこそ、意味があるのよ。

新しい「体験」をするとチャンスが増える

勉強とともに、「体験」への投資も価値があるわ。

たとえば、気球に乗って上空の空気を肌で感じてみる。ナイアガラの滝の水しぶきを浴びてみる。九州から東北まで桜前線を追ってみる――そういう非日常的な体験もまた、リッチマインドを作るために必要なことなの。

「それがどうしてリッチマインドを作るの？」と不思議に思ったかもしれない。たしかに、非日常体験がリッチに結びつくというのは、ややイメージしづらいわよね。

体験が必要なのはズバリ、思考が広がるから。お金ってあなたの意識はもちろん、「思考の広がり」とも比例してるの。

つまり、井の中の蛙には「井の中レベルのお金」しか入ってこないってこと。

半径1キロの中だけで暮らしてる人が、10億円のお金を

作るのは無理なのよ。毎日同じ景色を見て、同じ人と会い、似たような会話をしている限り、思考はけっして広がらない。思考が広がらなければ、お金だって増えないわ。

　逆に、新しい体験を通して思考と意識が広がれば、入ってくるお金は確実に大きくなる。思考が広がって考え方が柔軟になると、それだけでチャンスが増えるからよ。30度しか開いてなかった窓が360度全開になったら、それだけでチャンスは12倍になるでしょ？

「体験」にお金をかけるのは、思考の「制限を外すため」と言ってもいいかもしれない。井の中の蛙レベルの思考から抜け出て喜望峰レベルの思考を作るために、新しい体験はどうしても必要なこと。
　新しい体験を積み重ねていくと「経験値」が上がり、人間としてのスケールが大きくなる。その結果、引き寄せられる物事の質やレベルがぐんとアップするの。もちろん、お金も含め。お金は、その人の「器の大きさ」に応じて入ってくるのよ。

リッチマインドは「知性」と「感性」で作る

　勉強と体験への投資——この２つは、けっして無駄にならない。勉強すること、体験することはすべて、あなたの血となり肉となるの。
　株や金融商品は値が上がったり下がったりするけれど、勉強や体験を通して自分の血となり肉となったものは、その価値が下がることはけっしてない。それどころか、それを種にさらに自分を磨き、発展させていくことができるのね。
　勉強は知識と情報を蓄積し、「知性」を高めるために。体験は心と魂を刺激し、「感性とイマジネーション」を鍛えるために。
　どちらが欠けても、真の意味での「リッチマインド」は作れない。この２つがあってはじめて、あなた自身が「肥沃な土地」になるのよ。

「会いたい」と思われる人になる

　砂漠って、観光客がほとんどいないでしょ。それは、観るべきものがないから。何もない所には誰も行かない。人も集まらないし、お金も集まらない。人間も同じことなのね。

　経験豊かな人のもとへは、しぜんに人が集まってくるもの。人の集まるところには当然、お金が集まる。特別な手段を講じなくても、経験豊かな人のもとへは、お金が流れ込むようになってるの。
　リッチになりたいなら、あなた自身が「会いたい」「会って話をききたい」と思われる人になればいいだけのこと。
　あなた自身が豊かさの宝庫となって、多くのものをシェアしていけば、お金は向こうからやってくるのよ。

宇宙では「与える人」が優遇される

　お金って、努力とはあまり関係ない。
　もちろん、努力することには意味があるけど、コツコツ努力すればリッチになれるかっていったら、必ずしもそうじゃないわよね。
　それと世の中には、すごーくいい人なのに貧乏な人もいるし、まっとうに正直に生きているのにお金が入ってこないという人もいる。
　でもそれって、ある意味仕方ない部分もあるの。頑張ることや清く正しく生きることと、人としてのエネルギーは、まったくの別次元だもの。お金はエネルギーだから、やっぱりエ

ネルギーの高い人に集まるのよ。

　この宇宙では「与える人」が優遇されるのね。

　リッチな人の中にはもしかすると、人間的にあまり尊敬できない人もいるかもしれない。でも、そういう人達って、やっぱり与えてるのよ。

　後輩が店を出したと聞けば一番先に駆けつけ、先輩が入院したと聞けばお見舞い金を出し、べつに必要なくても知り合いのお店からいろいろ買ったりね。

　それに、その人がもし社員をたくさん雇ってたとしたら、それだけでもう、与えてるものはかなり大きい。社員とその家族の生活までも支えてるわけだから。

　逆に、いくら清く正しく生きて「私、悪いことは何ひとつしてません」と言ったところで、何も与えられない人はリッチにはなれない。自分のことだけ考えてる人に、宇宙のサポートは入らないからよ。

　お金が寄ってくるのは「与えることに躊躇しない人」。性格的にクセがあったり多少破天荒だったとしても、そんなの、お金の側からすればどうでもいいこと。自分のエネルギーを大胆に使って、入ってきたお金をいろんな形で人に与えていく人に、お金は集まっていくのね。

「給料が低い」「お金が入ってこない」という人はまず、自分がこれまで、人や世の中に「与えてきたかどうか」を振り返ってみて。何も与えてこなかったのなら、お金が入ってこなくても致し方ない。「与える生き方」をするようになれば、入ってくるお金はしぜんに増えてくる。

　リッチになれるかどうかは努力ではなく、「与えられるかどうか」で決まるのよ。

与えることで「スペース」を作る

　与えることにはふたつの意味があるの。ひとつは、人や社会に貢献できるということ。

　もうひとつは、与えることで自分の中にスペースを作るということ。この「スペースを作る」ことが、リッチになるためにはものすごく重要なのね。

　というのも、宇宙には「空いたスペースを埋めようとする性質」があるから。

　私達はお腹がすくと何か食べようとするでしょ？　あるいは、ぽっかり空いた心のスペースを会話や音楽で満たそうとしたり。これと同じ性質が、宇宙にもあるのね。

　ということは、ものすごく欲しいものがあるなら、何かを

思い切って手放せばいい。そうやって、意識的にスペースを作るの。

その際、あってもなくてもいいようなものを手放すんじゃなくて、「手放すのが惜しいな〜」と思うような、価値あるものを手放すのが正解。そうすると、宇宙が「そんな大事なものなくしちゃったの？　だったら補充しなきゃ！」と、それ以上のものを与えてくれるのよ。

リッチになる「最強の習慣」

これはつまり「手放すと入ってくる」ということなんだけど、この法則、お金に関してはとりわけ有効に効いてくる。というのも、お金はすべての人にとって「手放すのが惜しいもの」だからよ。

私はよく、寄付をするのね。これは自慢でもなんでもなく、そうやって意識的にスペースを作ってるの。

「空いたスペースを埋めようとする」という宇宙の性質を利用してるのね。

寄付といっても、大袈裟に考える必要はなくて、いちばんお手軽なのは、コンビニ募金。「1000円札のおつりはすべて募金」「何か買うたびに100円入れる」みたいに、自分なり

のルールを決めておくのはいかが？ あるいは、ユニセフ募金の自動引き落としとか。

　そうやって募金を習慣にしちゃえば、「つねにスペースができている」状態になるので、入ってくるお金の額が自然に大きくなるの。気が向いたときに募金するのも悪くはないけど、「ときどき」より「いつも」のほうが効果的なのは言うまでもないわね。

　募金はズバリ、リッチになるための「最強の習慣」。これを習慣にすると、収入額があきらかに変わってくるわ。

　それだけじゃない。運や出会いの質まで変わってくるから、信じられないようなオファーやビッグチャンスが舞い込んでくることも。

　どのくらいで効果を実感できるかは人それぞれだけど、「気づいてみたら入ってくるお金の桁が増えていた」っていうのが正しいかな。

　リッチになるっていうのは瞬間芸じゃなく、「習慣」なのよ。そう、日々の積み重ね。つまり、リッチになる習慣を身につけた人だけが、真の意味でリッチになれるのね。コンビニ募金というお手軽な方法でリッチ習慣が身につくなら、こんなに楽なことはないと思わない？

月星座はあなたに宿る
過去世の記憶

　太陽星座が「今世、取り組むべきテーマ」を意味するのに対し、月星座が教えてくれるのは「生まれつき与えられているもの」。わざわざ取り組まなくても、すでにあなたが持っているものなのね。

　たとえば個性や才能、適性、感性、センスといったものがそれにあたるんだけど、そもそもなぜ、月星座で「自分が生まれつき持っているもの」がわかるんだと思う？

　それは、月が「過去世の記憶を留める天体」だから。つまり、あなたが今世与えられている性質、能力、個性は「過去世から引き継いだもの」ということなのね。

　たとえば、物心ついたときからごく自然にやっていたことはないかしら？　誰に習ったわけでもないのに難なくやれてしまったり、さほど努力しなくても人並み以上にできてしまう……というようなもの。

　これらはみな、潜在意識に刻み込まれた「過去世の記憶」。過去世でやっていたこと、経験したことはすでに下地があるわけだから、今世でも断然有利。月星座からは、あなたの過去世までも読み取れてしまうのよ。

自分で「リッチスパイラル」を巻き起こす

　日々のコンビニ募金以外でも、大きなお金が入ってきたときは「スペースを作る」ことを意識して。

　大きなお金というのは、いってみれば、宇宙からのプレゼント。宇宙からプレゼントをもらったら、世のため人のために還元するのが、リッチになるための鉄則。

　いつもお世話になってる人にプレゼントしたり、後輩にご馳走したり、両親を旅行に連れて行ったり……そんなふうに、人を喜ばせることにお金を遣うのがいいわね。宇宙からプレゼントをもらった嬉しさを、今度はあなたが、人に与えてみるの。

　そんなふうに「入ってきたら、出す」を習慣にしていると、いつの間にかあなたのまわりに「リッチスパイラル」が巻き起こる。この場合、あなた自身がリッチスパイラルの「台風の目」となるので、もはや、あなたがリッチから抜け出すことは不可能（最高でしょ？）。

　あなたのまわりをつねにリッチエネルギーが循環し、それにつられてしている状態になるので、引き寄せられるお金の額がどんどん大きくなっていく——そんな願ってもないサイ

クルが生まれるのよ。

お金は循環させて大きくする

　お金を大きくする方法はズバリ、「循環」。
　自分の手元にやってきたお金をつねに循環させていると、入ってくる額もどんどん大きくなっていくの。
　私がこの法則に気づいたのは、会社を辞めて半年くらい経ったときのこと。
　ある日大学のOB会で、とある会社の社長さんと知り合いになり、その後、通訳を頼まれて仕事をしたのね。するとしばらくして、予想しなかったような金額が振り込まれていてビックリ！（ゼロの数がひとつ多かった）
　私は驚いたと同時にそこまで評価していただいたことが嬉しくて、感謝の意味をこめて、その会社の商品をたくさん買ったのね。
　とはいえ、自分ひとりじゃとても消費しきれないから、いろんな人に「この商品使ってみて」と配って回った。20人くらいに配ったかしら。
　使ってみてすごくイイと思ったし、まわりからの評判も上々だったので私もつい嬉しくなって、さらに別の商品も購

入。海外にいる友人達にまで送ったりして結局、通訳代を丸々その会社の商品に遣っちゃったけど、みんな喜んでくれたし、私としては、最高のお金の遣い方をしたなあと。

　あるところから仕事のオファーがきたのは、その後まもなく。しかもそれは、私が常々興味を持っていた仕事。私ははからずも、退職後一度も職探しをすることなく、思い通りの仕事を手に入れてしまったわけ。

　そして、このときふと、気づいたの。「そっかー、入ってきたお金を感謝して遣うと、お金の循環が起こるんだ」って。

　お金って生き物だから、「循環させること」が必要なのよ。
　血液の循環が滞ると、身体が冷えたり肩凝りがひどくなったりするでしょ。そんなとき、身体を動かして血行をよくすると、体調がよくなることが多いわよね。
　人生も同じこと。お金は人生における「血液」だから、お金の循環が滞ると人生に不調が起きるの。人間関係がギクシャクしたり、運そのものが停滞したりね。

　そんなときはあえて、新しい勉強を始めたり、まったく初めてのことをやってみる。人のためにお金を遣ったりね。す

るとあ〜ら不思議、なぜか運が好転してくることが多いの。お金を循環させたことで、運が動き始めたからよ。

　お金は、人生における「血液」。だから、流れを止めちゃいけない。つねにつねに、循環させとかないと。
　入ってきたお金は勉強や体験、そして、人を喜ばせるために遣う。そうやってつねに「いい流れ」を作っておくことが、リッチになる秘訣なのね。

お金がないなら「時間」や「労力」を差し出す

　もちろん、お金以外でも与えられるものはあるわ。たとえば、時間や労力。あるいは、情報。
　時間はある意味、お金以上に貴重なもの。とくに、忙しいときは30分すらも貴重よね。そんなとき、もし人からヘルプを頼まれたらどうするか。超忙しいときって、人のことにかかわってるヒマがあるなら自分の仕事を終わらせてしまいたい、というのが本音だと思うの。
　でも、ここではあえて、人のために時間を割くのが正解。これは自分の貴重な時間を人に「与える」ということだから、これもやはり、スペースを作ることになる。のちのち何らか

の形でチャンスやお金が入ってくることになるのよ。

「情報」を惜しみなく与えるＴ君

　リッチな人は例外なく、与え上手。その典型的な例が、私の友人Ｔ君。彼が昔言った一言で、いまも鮮明に覚えてることがあるの。
「オレと会った人には、何かしら持って帰ってもらいたいんだよね。だから知ってることはどんどん伝えるし、情報の出し惜しみはしない。オレのアイデアなんか、どんどん盗んでくれて結構。いくらでも出てくるから」

　Ｔ君はある企業の経営者なんだけど、その業界総倒れと言われるなか、Ｔ君の会社だけが独り勝ちで、過去数年にわたって最高益を更新。まわりからは「あの会社は何が違うのか？」と不思議がられているらしいんだけど、Ｔ君のマインドを知っている私にとって、それは不思議でもなんでもない。
　Ｔ君がリッチなのは、「与え続けている」からなのね。

　いまや、情報がお金になる時代。それを考えれば、情報を惜しみなく与えることは、お金を寄付することと同じくらい

直があるといっていいんじゃないかしら。

大胆に与える人には、大胆な額が入ってくる

「与えると入ってくる」——この法則をもっともはっきりと示してくれたのが、アメリカ人のジェイ。彼は世界を舞台に活躍するプロのポーカープレイヤーなんだけど、彼がある大会ではじめて優勝したとき、どうしたか。

その賞金１億円を、ぽーんと師匠にあげたのですよ。自分にポーカーを教えてくれた、その師匠に。その時の彼のセリフがイケてる。
「ボビー（師匠）が家を買いたいって言ってたから、プレゼントしたんだ。僕はいまからいくらでも稼げるからね」。
　その言い放ったジェイの表情に、「してあげた感」はみじんもなかった。あくまでもサラリと。まるで、友達にランチおごったんだとでも言うように。

ちなみに、そのジェイがどうなってるかというと、去年の賞金は500万ドル（約６億円）を超えたそう。お金って結局、自分が与えたものの裏返し。大胆に与える人には、大胆な額

が戻ってくるということなのね。

　お金はやはり、リッチマインドのもとにやってくる。
「だってオレ、いくらでも稼げるから」——この感覚こそが、リッチマインドなのよ。

まわりを幸せにすると自分がリッチになる

　T君とジェイの共通点は、与える名人であると同時に、人を幸せにする名人でもあること。
「人を幸せにする」——じつはこれこそが、リッチになる最大のポイント。
　情報であれお金であれ、出し惜しみせず「与える」ことの目的は、人を幸せにすること。
　そうやって自分のまわりに幸せな人、豊かな人を増やすと、自分が頑張らなくてもよくなってしまうの。

　運もチャンスも仕事もお金も、すべて、人を通してやってくる。だから、リッチになりたいなら、自分以上に「人」を大事にしなきゃいけないのね。
　正確にいうなら、「自分以外の人の運をよくしてあげる」。

つまり、自分のまわりに、運のいい人を増やすの。
　自分の子供は運のいい子に育てたいでしょ？　運のいい子にするためなら、なんでもしてあげたいと思うじゃない。それと同じ意識を、周囲の人達に対して持てばいいの。自分のまわりにいる人の運をよくしてあげるのね。

　人の運をよくするといっても、いい情報を提供したり、チャンスをあげたり、困っているときに手を貸したり……そんなことで十分。
　そうやって、まわりの人達の運がよくなってどんどんリッチになっていくと、あなたはもう、何もしなくても平気。その人達があなたを押し上げてくれるから。つまり、まわりにリッチで幸せな人が増えれば増えるほどあなたの自由度は大きくなって、リッチ度も高くなるということなのね。

　自分のまわりに豊かな人や幸せな人を増やすのは、ある意味、リッチになる最短距離であり、なおかつ、いちばんラクな方法。だって、自分が頑張らなくてもいいんだもの。人の幸せを願うことは、自分を豊かにすることとイコールなのよ。

自分の運がイマイチなら、人の運を育てる

　ツイてない人って、なんとか運を上げようと躍起になることが多いわよね。でも、ちょっと考え方を変えてみて。「自分はイマイチだけど、かわりに人の運をよくしてあげよう」って。自分のスキルや時間を無償で提供したり、いい情報をあげたり。被災地に寄付するのもいいわね。そうやって、自分のことはさておき、人の利益や幸せを考えるようにするの。

　そんなふうにしてるうちに、いつのまにか、自分に協力してくれる人がポコポコ現れるようになる。自分が人の運を育てたことで、逆に、あなたの運を育ててくれる人達が現れるのね。その中にはもちろん、「宇宙」というサポーターも。
　自分の運がイマイチなら、人の運をよくしてあげる。ダメなものには、グズグズ関わらないことが大事。それがたとえ、自分自身であってもよ。

自分の中に「無限にあるもの」を使う

　お金を出して「スペース」を作れば、出した以上のものが入ってくる——これがお金の性質であり、これを知ることこ

そ、リッチマインドの原点。とはいえ、それを頭で理解してもなお、「お金を遣うことに罪悪感を覚える」という人がいると思うの。

　そもそも、お金を遣うことに不安や罪悪感を持つのは、「遣ったらなくなってしまう」という意識があるから。

　でも、「空気がなくなるのが不安で、呼吸をするのが怖い」なんて人、いるかしら。「彼に愛を注ぐと私の愛が減っていく！　愛するのが怖い！」なんていう人、いる？　いないわよね。どれだけ空気を吸っても愛を注いでも不安にならないのは、空気も愛も無限であることを、私達が知っているから。

　じつは、お金も同じなのよ。「自分の中に無限にあるもの」を使えば、お金はいくら遣ったってなくならない。

　自分の中に無限にあるものというのは、たとえば、才能、適性。個性や感性、そして、センス。これらはすべて、あなたに生まれつき与えられているもの。これらは無形だから、いくら使ってもなくなることは決してない。

　それどころか、使えば使うほどパワーアップしていくの。それに比例して、あなたのリッチ度も高く大きくなっていく。強固な土台の上には、いくらでも高い建物がたつのと同じこ

とよ。

　そして、その強固な土台こそが、「月星座」。
　つまり、リッチになるには「リッチマインドを作ったうえで、月星座を使う」必要があるってこと。
　月星座は強固な土台であると同時に、あなたの「金脈」でもあるのよ。

SPECIAL COLUMN
プアとリッチを分ける22のルール

前の章でふれたプアとリッチの違い。
そして、「リッチマインド」——。
これらをもっとよく理解していただくために、
22個のルールで表現してみました。
プアとリッチを分ける境界線、ここでしっかりご確認を。

01
プアな人は「お金は貯めると増える」と思い、リッチな人は「お金は遣うほど増える」ことを知っている

貯めると増えないのは、そこに「動き」がないから。動きがないとエネルギーが生まれないので当然、リッチにはなれない。お金は循環させて大きくすべし！

02
プアな人は「モノ」にお金を遣い、
リッチな人は「体験」にお金を遣う

物はいずれなくなるけど、体験したことは一生涯、なくならない。頭で忘れていても、あなたの潜在意識と細胞はしっかり記憶に留めてる。お金はそんな記憶の蓄積から生まれるのよ。

03
プアな人は「もらう」ことを求め、
リッチな人は「与える」ことに喜びを覚える

人生では、自分のやったことが形を変えて返ってくるの。それが何であれ、喜びを持って人に与えれば、それはいずれお金となって戻ってくる。しかも何倍にもなって。

04
プアな人はお金を遣うことに「罪悪感」を持ち、
リッチな人はお金を遣うことに「喜び」を感じる

リッチな人は、お金を遣うことに罪悪感がない。お金があるからではなく、遣うことによってさらにリッチになれることを、体験的に知っているから。

05
プアな人は「清く正しく」生きようとし、リッチな人は「楽しく破天荒に」生きようとする

人生、真面目より楽しいほうがいい。リッチな人がリッチなのは、そこに遊び心があるから。「遊び」と「喜び」が放つ波動は、真面目よりもずっと高いことを覚えておいて。

06
プアな人は「自分一人で頑張ろう」とし、リッチな人は「人の力を借りよう」とする

自分一人で作れるお金なんて、たかが知れてる。多くの人を巻き込めば巻き込むほど生まれるお金も大きくなり、あなたのリッチ度も増していくのよ。

07
プアな人はお金が「直線で動く」と考え、リッチな人はお金が「循環する」ことを知っている

お金はスパイラル状に大きくなるの。あなたが誰か与えたものは、巡り巡って他のところから返ってくる。与えた本人から何も返ってこなくて当たり前。それで全然 OK なのよ。

08
プアな人は「何を買うか」にこだわり、リッチな人は「誰から買うか」にこだわる

何かを買うとき、リッチな人は商品のスペックではなく「人」で決める。波動の高い人から買えば、自分の運がよくなることを知っているから。

09
プアな人はお金を「もらうもの」と思い、リッチな人はお金を「作るもの」と考える

人からもらうか、自分で作るか——この差はあまりにも大きい。もらえるものには限度があるけれど、自ら作り出すものには限度がない。本気でリッチを目指すなら、作り出すほうを。

10
プアな人は「もったいない」と取っておき、リッチな人は「役目は終わった」と手放す

物のエネルギーには「賞味期限」があるの。「賞味期限が過ぎたな」と感じたら、躊躇(ちゅうちょ)なく処分するのがリッチな人。旬を過ぎたものにお金を引き寄せる力はないわ。

11

プアな人は「ネット情報」を鵜呑みにし、リッチな人は「直接人に会って」情報をとる

リッチな人で、四六時中スマホを見ている人は稀。お金につながる情報は、直接人に会うことでしか得られない。リッチな人はそれを知っているのよ。

12

プアな人は「1円でも安いほう」を取り、リッチな人は「付加価値のある高いほう」を選ぶ

安いほうを選ぶのが習慣になっている人は要注意。習慣は人を作るから、あなた自身が安っぽい女になっちゃうわ。リッチな人は、迷ったら高いほうを選ぶものよ。

13

プアな人は「見返り」を期待し、リッチな人は「してあげたことを忘れる」

リッチな人は過去にこだわらない。「あれ？　そんなことしたっけ？」みたいな（笑）。意識が未来に向かってるから、昔のことはすぐ忘れちゃうのね。

14
プアな人は「会社にしがみつき」、
リッチな人は「自分で会社を作る」

会社とは、利用するもの。会社に使われるのではなく、あなたが会社を利用するのよ。学べることはすべて学んだと感じたら、もはやそこにいる意味はなし。

15
プアな人はリスクを「嫌がり」、
リッチな人はリスクを「当たり前」と思う

リスクをとってリターンを得るのは、種をまいて収穫するのと同じこと。リッチになりたかったら、ある程度のリスクは当たり前。安定にこだわってチャンスを逃すことのないように。

16
プアな人は贅沢を「敵」ととらえ、
リッチな人は贅沢を「投資」と考える

贅沢という投資なくしてリッチにはなれない。適度な贅沢は浪費ではなく、次のステージに行くためのステップ。ちょっぴり罪悪感を覚えるくらいの贅沢がちょうどいい。

17
プアな人は「自分」が幸せになりたいと思い、リッチな人は「自分のまわり」に幸せな人を増やそうとする

リッチな人は、「幸せな人がお金を作る」ことを知っている。周囲の人達が幸せなら、自分が自動的にリッチになってしまうこともね。

18
プアな人は期待以下だと「クレーム」を言い、リッチな人は「いい勉強になった」と考える

リッチな人は、「すべては自分が決めたこと」と考えてる。期待外れだったら、「自分に見る目がなかっただけ」と学びに変えてしまうの。

19
プアな人は「損得勘定」で判断し、リッチな人は「面白さ」で決断する

損得勘定は、過去のデータに基づく左脳的判断。いっぽう、面白い！という感覚は右脳の声。思いっきりリッチになりたいなら、過去のデータにとらわれない「右脳の声」に従うべき。

20
プアな人は「迷うだけ」で決められず、
リッチな人は「迷う間もなく」決断する

リッチな人は、決断が速い。プアな人がぐずぐず迷っている間にさっさと事を進め、さらには次のチャンスを手にしてる。決断の「速さ」は、決断の正しさ以上に価値があるわ。

21
プアな人は「いつかやろう」と考え、
リッチな人は「今しかない！」と考える

リッチな人は「お金の逃げ足が速い」ことを知っている。だから、思いついたこと、やりたいことを先延ばししない。「いつか」は永遠にこないものよ。

22
プアな人は「できない理由」を並べ立て、
リッチな人は「できること」から始める

時間がない、仕事が忙しい、子供の世話がある……言い訳してるうちはリッチになれない。だって、リッチになるより大事なことがあるってことでしょ？

CHAPTER 2

月の12星座でわかるお金の「引き寄せ力」

月星座はあなたの「金脈」

　月星座はズバリ、「あなたの金脈」。

　お金がない人ってじつは、お金がないんじゃなくて「自分の金脈を知らない」だけ。

　たとえるなら、家の裏庭に大きな金塊が埋まってるのにそれを知らず、海底を何十年も掘り続けてる人——そんな感じ。ぜんぜん違うところにエネルギーを費やしてるのね。

　私たちにはみな、天から特定の金脈が与えられてるの。「ここを掘ればリッチになれるよ」っていう。

　そしてそれは、月星座を見れば一目瞭然。

　リッチになりたいなら、回り道をやめて金脈のある所へ直行する——それが最短かつ確実な方法よ。

J.P.モルガンも占星術を使って財を成した

　占星術はそもそも、「お金」とそれはそれは深い関係にあるの。事実、歴史上財を成した人や、莫大な資金を動かしている人の中には占星術を使っている人が多く、たとえば、モルガン財閥の創始者J.P.モルガンは、こんなことを言ってるわ。

"Millionaires don't use astrology, billionaires do."
「ミリオネアは占星術を使わない。ビリオネアは使うがね」

"Anyone can be a millionaire, but to become a billionaire you need an astrologer."
「ミリオネアには誰でもなれるさ。しかし、ビリオネアになるには占星術を知らないといかん」

　天空の動きをもとに投資を行っているのは、J.P.モルガンだけじゃない。現在活躍している投資家やビリオネアの中にも、月や惑星の動きをもとに投資を行っている人がけっして少なくないわ。

月とお金のふか〜い関係

　たとえば、投資銀行に勤める私の友人J君。彼の場合、「惑星まで入れると複雑すぎてわからん」という理由から、月の動きだけで株価や為替を予測してるんだけど、その的中率はなかなかのもの。ちなみに、彼が注目するのは、毎日の「月星座」。その日の月星座をメインに、為替の動きや株価が跳ねそうな会社を読んでいくのね。

　もちろん、月星座だけで予測するわけではないけれど、J君の的中率をみるかぎり、「月星座とお金」が深く関わっていることは間違いないと思うの。そしてそれは、私達個人においても同じこと。
　「マクロ（社会）で起こることはミクロ（個人）でも起こる」──これが、宇宙の基本法則。
　月星座には、あなたがどういう分野でどういうふうにお金を引き寄せるかが、明確に示されているのよ。

今回は「お金」に絞って

　月星座というのは、あなたが生まれたとき、月が位置していたサイン（星座）のこと。
　太陽星座（一般的に、「私は○○座」と言われるもの）が今世取り組むべきテーマや課題を表すのに対し、月星座が示すのは、生まれつき与えられている気質や個性、能力、センスといったもの。あなたの「強み」といってもいいわね。
　月星座には天空の月同様、ものすごい引力がある。つまり、自分の月星座を使えば望むものを引き寄せられるということ。その中に「お金」も含まれることは、いうまでもないわね。

月星座と太陽星座の違い

　ここまで読んで、こう思った方がいらっしゃるかしら。
「じゃあ、ふつうの星座（＝太陽星座）はお金には関係ないの？」

　私に言わせていただくなら、太陽星座って、お金とはあまり関係ない。まったくないとは言わないけれど、少なくとも、お金に対して月星座ほどの引力はないと考えてほしいの。

　太陽星座が意味するものは今世のテーマであり、課題。「この人生で終わらすべき宿題」みたいものなのね。

　これって充実した人生を送る上で必要なものではあるけれど、残念ながら、物質的・金銭的豊かさや快適さとは、あまり関係ないのよ。

　いってみれば、太陽にとってお金は、「担当外」。太陽星座でリッチになる方法を知ろうとするのは、外科の先生に「どうしたら妊娠できますか？」ときくようなもの。ちょっと違うわよね（笑）。

　そもそも、「豊かで快適な暮らし」を作り上げるのが、月本来の役割。そのために必要なありとあらゆるものを、月は引き寄せることができるの。

それだけの引力を、宇宙から与えられているのよ。
　お金を引き寄せたいなら、お金に強い「月星座」を使うべき。豊かさの根源である、月星座をね。

月星座でリッチになったH美ちゃん

　リッチになりたいなら、太陽星座より月星座——それを証明してくれたのが、H美ちゃん。
　某有名ブランドの広報担当という、華やかな職に就いていた彼女。太陽星座が天秤座の彼女にとって、有名ブランドの広報はまさに天職……と思いきや、当の本人は「ぜんぜん昇給しないの、私なりに頑張ってるつもりなのに……」と、浮かない顔。
「リッチになるには仕事を変えたほうがいいのかなあ？」というので、さっそく月星座をチェックしたところ、月星座は魚座であることが判明。
「ヒーリング関係がいいかもね。タラソテラピーとか。水と縁が深いから、海やリゾートにかかわる仕事もすごくいいわよ」と伝えたところ、その後しばらくして、某リゾートホテルに転職。
　女性客向けのヒーリング付宿泊プランを企画したところ、

　それが次々に当たって、あっという間にポジションアップ。その後外資系ホテルにヘッドハンティングされて、今では新しいホテルの立ちあげに関わってるわ。「年収もぐんと上がったし、何より私自身、この仕事をやっていて癒やされるの」とはH美ちゃんの言葉。
　月星座をベースに仕事を選ぶと、収入はもちろん、心と魂までも満たされるという証明ね。

月星座の分野に集中して売上げ２倍！

　もうひとつ、例を挙げてみるわね。これは同じく私の友人、S子ちゃんのケース。彼女は３つの会社を経営する事業家なんだけど、数年前、彼女にお金の相談をされたとき、月星座の話をしたのね。
　そのときはじめて、自分の月星座が蠍座であることを知ったS子ちゃん、蠍座の「金脈」のひとつである不動産業一本に絞ったところ、１年後、営業利益が２倍に。
　その後、自分自身も宅建の資格を取って業務拡大をはかったら、営業利益はさらに1.5倍に。「月星座を知って集中したのがよかったわ！」とは、S子ちゃんの弁。
　S子ちゃんの例からもわかるように、月星座を知ることは、

宝地図を手に入れるのと同じ。彼女がもし、自分の金脈が不動産にあることを知らなかったら、事業はここまで大きくなっていなかったと思うの。

　月星座はズバリ、あなたの「金脈」。金脈がどこにあるかを知れば、あとはもう、そこを掘っていくだけでOKなのよ。

自覚すればますますリッチに

　リッチになりたいのであれば、自分の「月星座」を使う――これはもう、最低条件といっていいと思うの。私のまわりを見ていると、リッチな人達はほぼ例外なく、自分の月星座を使ってるもの。

　自分の月星座を知らない人ももちろんいるけれど、そういう人たちは自覚してないだけで、実際は自分の月星座をしっかり使ってるのよ。

　面白いのは、すでにリッチな人達でさえ、自分の月星座を知るとさらにリッチになっちゃうってこと！　ま、自分だけの金脈がわかるわけだから、当然といえば当然なのだけれど。

お金の引き寄せ方は「月星座」によって違う

　世の中には「性格もいいし能力もあるのに、お金がない」

という人が多いわよね。逆に、能力はふつうでも、なぜかお金がたくさん入ってくる人もいたりして。
　この差って結局、「自分に与えられた要素をどれだけ有効に使ってるか」なのよ。
　そして、それを具体的に教えてくれるのが、月星座。

　お金ってじつは、もっともシンプルなエネルギー。恋愛や結婚みたいに相手のあることじゃないから、自分に与えられているもの（＝月星座）を使えば、それでOKなの。
　にもかかわらず、その金脈とぜんぜん違う所を掘っている人が、いかに多いことか！
　これって、時間の浪費以外の何物でもないと思わない？

＊お金がどこから、どうやってあなたの元にやってくるのか
＊何を、誰を通してやってくるのか
＊どういう分野（職種）であなたの「引き寄せ力」が最大限発揮できるのか
＊どうすれば遠回りせずリッチになれるのか

　こうしたことはすべて、月星座からわかること。

　季節や土地によって育つ作物は違うし、育て方や収穫法も違うでしょ。人間も、それと同じ。
　月星座によって、豊かな暮らしを手に入れる方法が違う——つまり、「お金を引き寄せる方法が違う」わけなの。

お金の性質を理解し、月星座を使うのが最強

　リッチになる条件は、大きく分けてふたつ。

　ひとつは、①お金の性質を理解すること。
　もうひとつは、②自分だけの金脈を知ること。

　①だけでも、そこそこリッチにはなれる。少なくとも、生活に困らないお金は入ってくると思うのね。でも、さらにリッチになりたいなら、②も加味しないといけない。
　多少働かなくてもお金の心配をすることなく、好きなときに好きなことをして暮らせる時間的・経済的・精神的自由を手に入れるためには、月星座という「金脈」を使う必要があるってことなのね。

　①についてはCHAPTER1をお読みいただくとして、この章では②について、月星座別に詳しくご説明していくわね。

　みなさんの中には、

　A.いままだ十分なお金が入ってこない
　B.それなりのお金は手に入れている

　この２通りの方がいると思うの。
　Aの方には、自分の月星座に相応しい、新しい仕事を。
　Bの方には、今やっている仕事に月星座の要素を加えてみることをオススメするわ。
　そうすることで、ワンランク上のリッチが手に入るはずよ。

　では早速、宝地図を紐とく旅に出かけましょうか。

あなたの月星座は何座？

「自分の月星座を調べよう」(P.212〜)でチェックしてみましょう。

月星座
牡羊座
のあなた

ARIES

だからあなたはリッチになれない！

チャレンジを避けているのでは？

　月星座牡羊座のあなたは12星座一、勝負強い人。にもかかわらずもしお金がないとしたら、それは「勝負してないから」。勝負運を持ってる人が勝負をしてないなら、運がついてこないのは当然。でしょ？　勝負という言葉がわかりにくかったら「チャレンジ」という言葉に置き換えてみて。

　あなたは本来、新しいことにチャレンジするのが大好きなはず。なのに、それができないでいるのはなぜかしら？　一般論や常識を優先させているのか、はたまた、親やまわりの意見に影響されているのか……でもね、人の意見は参考にならない。他の人達はそもそも、あなたほどの強運を持っていないもの。リスクを恐れ安穏とした生活を続けていたら、いつまでたってもリッチにはなれないわ。

　新しい道を切り開いていくワクワク感、誰もやったことのない金字塔を打ち立てる優越感、○○第一号というタイトルを手にしたときの達成感……それをぜひ、目指してみて。

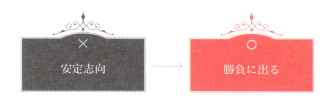

あなたに必要な発想の転換

成功報酬で勝負強さに磨きをかける！

　毎月決まった額が入ってくるのは、たしかに安心かもしれない。でも、月星座牡羊座のあなたにとっては、この安心感が逆にマイナスに働いてしまうの。「頑張ったぶん、報酬としてはね返ってくる」というのが、あなたにとって最高のモチベーション。頑張っても頑張らなくても入ってくる額が同じでは、あなた特有の「お金に対する嗅覚」は鈍るいっぽう。せっかくの勝負強さも宝の持ち腐れに……。

　あなたの場合、競えば競うほど勝負強さが磨かれるので、ライバルがいることも必要な要素。万が一、今いる環境があなたの「一人勝ち」状態だとしたら、今すぐステージを変えること。競い合う相手や目指す人物がいるほど奮起できるし、リッチへ近づくわ。ライバルは「敵」ではなく、あなたの成長を助けてくれる良き相棒と考えて。

　あなたにはノルマをモチベーションに変える精神的強さもあるから、成功報酬型はまさにぴったりね。

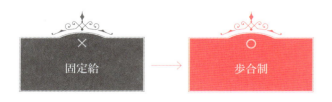

あなたの金脈はここにある!

起業独立が
リッチへの最短距離

　あなたの金脈は、つねに「新しいもの」の中にある——このことをまず、しっかり頭の中に入れておいて。会社勤めであれば、歴史ある名門企業よりベンチャー企業。旧態依然とした日本企業より、日本に乗り込んできた外国企業。社内で新規事業の公募があったら迷わず手を挙げて。ベンチャーや新規ビジネスはズバリ、あなたの金脈。そこで経験する立ち上げのノウハウや仲間との絆が、将来きっと役に立つはずよ。「日本初上陸」「業界初」などという枕詞がつくものもすべて、あなたのリッチにつながるもの。「日本初のワッフル専門店」とかね。転職先を探してるなら、オープニングスタッフを狙うのも手。

　とはいえ、最終的には起業独立がベスト。月星座牡羊座のあなたはもともと、人に指示されて働くのは好まないはず。本気でリッチを目指すなら、早いうちに自分の会社やお店を持つことをオススメするわ。「これだ!」というものに出会った時すぐスタートできるよう、つねに心の準備はしておいて。

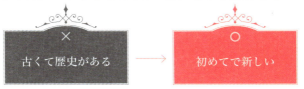

あなたをリッチに導いてくれる人

年下を指導することで
リーダーシップが開花

　あなたをリッチに導いてくれるのは、部下や後輩といった年下の人達。というのも、彼らに何かを教えたり指導したりすることで、あなたが持つリーダーシップを発揮できるからよ。

　牡羊座はご存じのように、12星座のトップバッター。そこに月を持つあなたはリーダーや統率者としての適性を多分に持っているの。それってふだん表に出てこないことも多いけれど、実際、あなたの指導力たるやピカ一！

　とくに新人教育やオリエンテーションにかけては右に出る者がないほど。何より、年下の子達と接するのは、あなたにとって最高のパワーチャージになるわ。

　目指す分野で活躍している人も、あなたをリッチに導いてくれる人。「この人を超えたい！」と思わせる人物こそが、あなたにとって最高のキーパーソン。

　いずれにせよ、リッチになれるかどうかは、あなた自身のモチベーション次第。高いモチベーションをキープできれば、リッチ度は青天井よ。

リッチになるための習慣

早起きと朝活で
パワーアップをはかる

「早起きは三文の得」というけれど、月星座牡羊座のあなたにとって、早起きは三文どころか一生分の得！ 朝の活動はすべて金脈に結びつくと考えて。

　もしも今、あなたの生活が夜型になっているのであれば、なるべく早く朝型に切り替えること。朝日が昇る頃に起床するのがベスト。早朝ヨガやジョギング、出勤前に英会話クラスを受けるなど、意味のある活動を続ければ徐々にリッチ体質に。

　打ち合わせ、プレゼン、交渉事などは午前中にもってくることであなた有利の展開に。おつきあいは夜の飲み会より、ブレックファストミーティングを。有益な出会いも朝やってくることが多いので、朝の勉強会を主催してみては？

　あなたの場合、夜更かしや残業が続くとみるみるパワーダウン。持ち前の直感が鈍ってきてしまうので、朝型のライフスタイルをキープすること。あなたの金脈は朝のエネルギーと十分な睡眠からくると心得て。

リッチになるお金の遣い方

フィットネスとクルマの投資は惜しみなく

　身体を動かすことは好きかしら？

　万が一NOだとしても、「スポーツ」や「エクササイズ」は、月星座牡羊座にとって金脈のひとつ。身体を動かすこと自体が金脈を呼ぶので、フィットネスクラブやスポーツジムへの入会は大賛成。ゴルフ倶楽部の会員権を買うのも賢い投資よ。

　M世ちゃんは、渡米してヨガとピラティスインストラクター資格をとり、帰国後はパーソナルトレーナーとして独立。今やVIPの顧客を抱える売れっ子トレーナーに。

　H子さんは、プロのスポーツ選手専門のマネジメント会社を設立、女社長として活躍してるわ。

　2人とも、月星座牡羊座の金脈を使って成功してる典型的なパターンね。

　クルマ、オートバイといったエンジン搭載の乗り物は、あなたの金脈につながる大切な道具。多少値が張ってもクオリティの高いものを。スタイリッシュなスポーツカーがベスト。投資なら新規上場株を狙って。

プアから脱却したいあなたへ

前例のないことに
あえてトライする

　変わったことをしなさいと言ってるわけじゃない。でも、あなたの金脈は「誰もやっていないもの」「前例がないもの」「目新しいもの」の中にあるの。

　そもそもあなた自身、どこにでもあるようなものに胸が高鳴ったりはしないはず。

　平凡、ありきたり、人マネ、二番煎じ……すべてNG。リッチになりたいなら「あなたにしかできないこと」をやらなくちゃ！　人と違っていておおいに結構。オリジナルな生き方、仕事の仕方こそが金脈を引き寄せるのだから。

　私の友人J子ちゃんは、「みんなと同じことをやるなんてツマラナイ」と銀行を1年で退社。「思いついて、なんとなく」女性専用のフィットネスジムを立ち上げたのを皮切りに、着々とビジネスを拡大中。

　J子ちゃんのように「思いつきで誰もやってないことを始める」のは、月星座牡羊座の王道。典型的なリッチパターンよ。

過去世の記憶でリッチになる

サバイバル戦で培った
探知機レベルの直感力

　なぜか気が進まずに会合を欠席したら、そのレストランで食中毒が発生。あなただけが無事だった——そんな経験はないかしら？

　月星座牡羊座のあなたには、動物的ともいえる直感が備わっている。それは、戦乱の世を生き抜いた過去世で培われた本能的なカン。生か死かの瀬戸際を何度もくぐり抜けてきただけに、その正確さは探知機レベル。その類稀なる直感を、今世仕事に使うべきね。理由なんてなくても構わない。経験がなくても構わない。「いける！」と感じたら、とにかくやってみること。

　月が牡羊座にある人は、「いかに人より早く行動するか」が成功のカギ。リッチになれるかどうかも、自分の直感をどれだけ信じられるかにかかってるの。

　ひとつのことを長く続けるより、新しいものを次々に追っていくのがあなたの成功スタイル。「ピンときたら即、アクション！」を習慣づければ、それだけで金脈を手中にできるわ。

RICH MIND
リッチマインド ヒント集

リッチが近づいているサイン

行きつけの店が
クローズしている

◆

ヘアスタイル(カラー)
を変えたくなる

◆

今までと違うタイプの人に
なぜか惹かれる

> リッチな彼を射止めたいあなたへ

自分を偽ることなく、
ありのままで勝負
相手の目をまっすぐ見つめて

FASHION
レザーのタイトスカートに
ハイヒール

◆

MAKE-UP
アイラインを強調し
眉山を高めに

◆

AND MORE
オリエンタル系の香水を
膝裏に

◆

PLACE
リニューアルオープンした店
新幹線の中

リッチマインドを高めるもの

NUMBER

15

COLOR

真紅

TIME
金脈を
引き寄せる
時間帯

火曜日の
5時台（午前）
11時台（午前）

MOTIF

スペード

FOOD

タマネギ

この時間帯にこんなことをすれば さらにリッチに

・アップテンポの曲を聴く
・ジョギングかエクササイズをする
・ホットドリンクを飲む

月星座
牡牛座
のあなた
TAURUS

だからあなたはリッチになれない！

「お金より大事なもの」を忘れているのでは？

　牡牛座はズバリ、「お金」を意味するサイン。牡牛座に月を持っていること自体、「お金に不自由しない人生」を約束されているようなものなのね。そんなあなたがもし、お金に不自由しているとすれば、お金の性質を理解してないからじゃないかしら。
「この世にはお金より大切なものがある」──キレイごとのように聞こえるけど、これは、紛れもない真実。たとえば、愛。思いやり。感動、喜び。微笑み、感謝。友情、信頼。心と心の通い合い。魂同士の絆……これらはお金よりずっと重く、そして、価値のあるもの。そして、こうしたものを与えられる人だけが、真の意味でリッチになっていくの。当然よね、お金より価値があるものを与えるんだもの。
　もしあなたが「なぜお金が入ってこないの？」と疑問に思っているなら、これから「お金より大切なもの」を意識してみて。そしてそれを、たくさんの人に分け与えることよ。

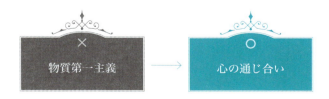

あなたに必要な発想の転換

手間暇かけて作られる 本物にこだわる

　こう思ったことはないかしら？　「30分で届くピザなんて美味しいワケないじゃない！」と。言葉に出すことはなくても、あなたはきっと、そう思ってるはず。月星座牡牛座のあなたは「本物」にこだわる人。そして、本物を作るには「時間」と「手間」が必要であることも知っている。安さや効率のために大量生産されるようなものは、あなたにとって何の意味もないし、関わるべきでもないわ。

　すべてのものが軽薄短小に向かい、スピードと効率が最優先される世の中だからこそ、逆に、時間をかけて丁寧に作られたものが際立ってくるの。便利になりすぎた世の中にはかならず、「丁寧さ」を求める人が出てくる。そして、時間をかけることの意味を誰よりも知っているのが、月星座牡牛座のあなた。本物に接しているとき、あなたの心は喜び、魂は幸せで満たされる。その幸せな感覚こそが、金脈の合図よ。

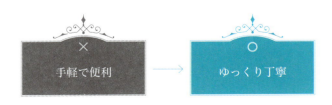

あなたの金脈はここにある！

並外れた五感の良さを仕事に活かす

　あなたの「五感」は、金脈を掘り当てる秀逸なアンテナ。わかりやすくいえば、あなた自身がその価値や美しさ、素晴らしさに「感動を覚えたもの」が金脈になるということなの。
　R美ちゃんは、ハンガリー旅行で体感した羽毛布団の寝心地が忘れられず、「あの、天にも昇るような心地よさ」を日本で実現したいと高級布団作りに着手。羽毛のクオリティはもちろん、縫い糸にまでこだわったR美ちゃんの羽毛布団は、つねに8カ月待ちという盛況ぶり。彼女がこれほど成功したのは、心地よさに対する感性――つまり「触覚」が並みはずれているからなのね。ちなみに、サウンドクリエーターとして活躍するM氏も、月星座牡牛座。
　こんなふうに、月が牡牛座にある人は、五感の中で少なくとも何かひとつ、飛びぬけて感度の高いものがあるはず。見た目の美しさにこだわりがある、味に超うるさい、香りに人一倍敏感……金脈はその延長線上にあるはずよ。

あなたをリッチに導いてくれる人

話題豊富な情報通から
最新情報をキャッチ

　あなたは時代に左右されない価値を見出す天才。そのかわり、最新情報や世の中のトレンドをキャッチするのは、ちょっと苦手かもしれないわ。

　でも、リッチになろうと思うなら、最先端の情報は必要不可欠。価値あるものが時代の潮流にうまく乗った場合、とてつもなく大きな利益を生み出すからよ。

　そこで頼りになるのが、情報通の人。話題が豊富で顔が広く、つねに最先端の情報を持っている。フットワークがよくて旅行好き、なおかつグルメ——そんな人が、あなたにとってキーパーソン。

　彼らはあなたが疎い「広範囲の情報」を持ってるし、何より、あなたの世渡り下手な面をうまくカバーしてくれる。そういう人から、「ねえ、1個1000円のイチゴがあるらしいよ、知ってる？」みたいな情報が入ってきたら、新たな金脈がやってくる前触れと考えて。

　国際結婚をしてる人、海外経験豊富な人もキーパーソンよ。

リッチになるための習慣

毎日のボディケアで身体との"絆"を深める

　あなたには「身体とつながっている感覚」が欠かせない。ダンサーやバレリーナの人達って、身体をものすごく大切にするでしょ？　身体が資本の職業だからってこともももちろんあるだろうけど、それだけじゃない。彼らは、身体に愛情をかけてあげることで自分の感度と感性が高まり、ハイレベルの演技ができることを知ってるのよ。

　それと同じことが、月星座牡牛座の人にもいえる。

　あなたの場合、身体に愛情をかけることは金運をあげる最高の方法。

　身体は、あなたのアンテナである「五感」の源ですもの。身体をないがしろにした生活をしてる限り、リッチは遠のくばかり。たとえ5分でもいいから、毎日しっかりボディケアの時間を確保して。忙しい人は、バスタイムの中にボディケアを組み入れてしまうのがいちばん。

　なかでも「首」は、金脈を引き寄せる重要なパーツ。熱いタオルで首を温めながら、ゆっくりバスタブに浸かる習慣を。

リッチになるお金の遣い方

価値を感じとったものに 投資する

「物質」を意味する牡牛座に月がある人は、「物」に投資することで有形無形のリターンが得られるのが特徴。たとえば、ゴールドやプラチナ。あるいは、宝石。好きな芸術家の作品を持っておくのもいいわね。

あなたは見ただけ、触っただけでモノの価値がわかる人。本能的に選んだものが、何十年か後に驚くような高値になっている可能性も。

牡牛座は「自然」とつながりの深いサインでもあるの。自然に触れることでリッチ度がアップするから、田舎に別荘やセカンドハウスを持つのもオススメ。自然の中で過ごす時間は何より効果的なパワーチャージになるわ。

五感を満たすことも、有効なお金の遣い方。花、音楽、香水、ランジェリー、食事……あなたが価値を感じるもので身のまわりを満たせば、五感がさらに磨かれリッチ度もアップ。

あなたの場合、たとえ鉛筆1本であっても、安物はNG。「迷ったら高いほうを選ぶ」を習慣に。

プアから脱却したいあなたへ

土と植物から自然のパワーをチャージ

　「豊穣の大地」を意味する牡牛座は12星座一、「自然」とのつながりが深いサイン。あなたは生まれながらにしてお金やモノを引き寄せる力が強いけれど、その引力は、自然と十分つながっていてこそ生まれるもの。
　コンクリートだらけの都会で「スマホが友達」という生活を続けていたら、パワーが落ちてくるのは当然。リッチには程遠い状態になっちゃうわ。
　そんなときはぜひ、自然の中でパワーチャージを！
　あなたの場合、海よりも「山」。森林浴をしながらゆっくり散歩するのが、いちばん効果的なパワーアップ法よ。緑の多い公園、庭園、植物園に行くのもGOOD。「土」に直接触れることでパワーアップできるので、ガーデニングはオススメしたい趣味のひとつ。
　月星座牡牛座の場合、住まいは低い階ほどベター。地面から離れすぎると金運アップが難しくなるので、マンションの高層階に住んでいるなら引っ越しを考えてみても。

過去世の記憶でリッチになる

天性の審美眼で ダイヤモンドの原石を見出す

「目利き」といわれる人に月星座牡牛座が多いのは、占星術家の中ではよく知られた事実。

一瞬にして価値あるものを選び出すその審美眼は、裕福な家庭で生まれ育った過去世の賜物。高価な調度品や芸術品に囲まれ、本物を見続けて育った過去世から受け継いだものなのね。

今世のあなたは贋作と本物を瞬時に嗅ぎ分け、石コロの中からダイヤモンドの原石を見出す天性の目を持ってるの。それは勉強しても身につけられない、本能的ともいえる審美眼。

この天賦の才を活かすならバイヤー、宝石鑑定士、スカウトマンといった「選び抜く仕事」がぴったり。

味覚が発達している人も多いので、レストランやフード関係はすべて適職。ワインは牡牛座の飲み物だから、ソムリエを目指すのもいいわね。嗅覚を活かすなら、アロマや調香の仕事はいかが？

キュレーターやオークション関係も、あなたの過去世が最高に活きてくる仕事のひとつ。

RICH MIND
リッチマインド ヒント集

リッチが近づいているサイン

大好物だったものが
食べたくなくなる

◆

プラスチック製品を
捨てたくなる

◆

苦手だった人に
話しかけたくなる

リッチな彼を射止めたいあなたへ

あなたの安らぎオーラは
最高の武器
言葉を選び、ゆっくり会話を

FASHION
髪は緩やかに巻いて、
花柄のブラウスを

◆

MAKE-UP
チークと口紅は
淡いピンクで統一

◆

AND MORE
外出のときは
電車よりクルマで

◆

PLACE
坂のある港町
カトリック教会

リッチマインドを高めるもの

NUMBER
68

COLOR
マゼンタ

MOTIF
コイン

FOOD
洋ナシ

TIME
金脈を引き寄せる時間帯
金曜日の
9時台（午前）
16時台

この時間帯にこんなことをすればさらにリッチに

・首筋に香水をつける
・フェイスパウダーをつける
・高級チョコを一粒いただく

月星座
双子座
のあなた

GEMINI

だからあなたはリッチになれない！

ルーティーンワークが
ストレスなのでは？

「コツ」をつかむのがとびきり上手なあなた。イレギュラーな仕事も難なくこなし、新しい環境に馴染むのにも３日とかからない。適応力と順応性にかけて、あなたの右に出る人はいないんじゃないかしら。

でも、その素晴らしい能力がまったく活かせない仕事があるの。それが「ルーティーンワーク」。ルーティーンというのは、決まりきった業務を毎日コツコツやり続けること。そこには「変化」がほとんどないでしょ？　この「変化のなさ」こそが、あなたにとってはプアの温床！　変化がないと、持ち前の器用さがまったく活きてこないばかりか、あなたの細胞自体がストレスを感じてしまうの。「また今日も同じことの繰り返し？」ってね。今もしルーティーンをやっているなら、あなたにもきっと、自覚があるはず。

あなたの金脈は「変化」の中にある。変化のない仕事をしているかぎり、リッチへシフトするのは難しいと考えて。

あなたに必要な発想の転換

学びきったら
次のステージへ

　月星座双子座にとって、「学ぶこと」は人生の一部。あなたにとって知ることと学ぶことは、食事と同じレベルなのではないかしら？　仕事に関してももちろん、そのスタンスでOK。「仕事＝学び」「職場＝学びの場」と考えてみて。ここでいう学びは、「体験」まで含む広い意味よ。

　あなたの場合、仕事をしていて何かしら「学んでいる」「知識を得ている」という感覚があれば問題なし。逆にそれがまるでないのであれば、その仕事はもう、続けるべきじゃない。「この仕事（会社）からはもう」と感じたなら、思い切って転職を。「ファッションのことはわかったから、次は広告！」というように、知りたいテーマを追って職を変えていくのもアリ。

　あなたにとって転職は、プラスにこそなれマイナスにはならない。あなたの生き甲斐である「知識欲」が満たされてないところに、金脈はないと心得て。

あなたの金脈はここにある！

もっとも得意な分野で情報のアウトプットを

　月星座双子座は、12星座一の情報通。知識の多さと情報の速さには目を見張るものがあるけれど、重要なのは、それをちゃんと「アウトプット」できているかどうか。今やFacebook, Instagramといった様々なSNSがあるから、相性の良いものを活用して。

「話すこと」と「教えること」はズバリ、あなたの金脈。私の友人には月星座双子座がたくさんいるけど、ほぼ8割がた、「教える」仕事をしているのにはオドロキ。最近ではオンラインセミナーを活用してる人も多いわね。

　注意したいのは、器用貧乏にならないこと。多芸多才のあなただけに、リッチを目指すのであれば、何かスペシャルなものが必要よ。あなたが得意なことの中で、「もっともラクにできること」を1～2個選んで、その知識とスキルを徹底的に磨いてみて。持ち前の知識と情報に専門性が加われば、唯一無二の金脈が出来上がるわ。

あなたをリッチに導いてくれる人

「副」のつく肩書の人と よい関係をキープして

　すべてにおいて「浅く広く」のあなたは、人間関係においても同じスタンス。そんなあなたをリッチに導いてくれるのは、あなたとは逆の、深い人づきあいをするタイプ。世話好きでまわりの人達の面倒をよくみる、お母さんタイプの女性ね。
　こういう人達からは、何かのきっかけで思わぬ大仕事が舞い込んでくる可能性大。とはいえ、あなたがこの人の深い人間関係に合わせる必要はなし。いつも通りのスタンスでOKよ。
　会社の上司や年配の男性も、忘れてはいけないキーパーソン。器用で多才なあなたはどんな仕事もテキパキこなしてしまうけれど、自分の「ウリ」についてはイマイチわかってないみたい。
　それを第三者の目で的確に見抜いてくれるのが会社の上司、もしくは7歳以上年の離れた先輩。企画経営か新規開発事業に関わっている年上の男性が、あなたの才能を見抜いてくれそうよ。副部長、副社長など「副」がつく役職の人もキーパーソン。

リッチになるための習慣

食事に"旬のもの"を取り入れる

　月星座双子座の金脈は「タイミング」とワンセット。あなたの場合、つねに「旬のもの」をキャッチしている必要があるのね。

　そのためには文字通り、「旬のもの」を食べること。春ならキャベツ、菜の花、筍、アサリ、鰆。夏ならトマト、トウモロコシ、うなぎ……というように。今ってスーパーに行けば、旬に関係なくあらゆる食材が並んでいるけれど、だからこそ、旬のものを食べることに意味があるの。

　というのも、私達のエネルギーは「食べたもの」で出来上がっているから。旬のものを口にすることで、あなたの細胞が「旬のエネルギー」を覚え、旬の情報を引き寄せるようになるのよ。

　食べ物以外にも、ふだんから旬のスポットやお店に足を運んでみて。内から外から「旬」を取り入れることで、金脈を引き寄せる力が徐々に目覚めてくるわ。

　月星座双子座は「音」とも縁が深いから、流行りの曲を聴くのも効果的よ。

リッチになるお金の遣い方

勉強と学びへの投資は リスクゼロ

　月星座双子座はもともと「勉強」に縁が深い。学んだことや体験したことが、すべてお金につながるタイプなのね。
　これらにはいくらお金をかけても、けっして無駄にはならない。
　たとえ「あまり大したことなかったなあ」と思うようなセミナーであっても、隣に座った人と仲良くなったり、その道すがら、面白い情報に出くわしたりと、何かしら得るものはあるはず。
　講演、セミナー、講習会、書籍、参考書へかけるお金は、リスクゼロで金脈につながる確実な投資法よ。
　タイミングを読むのがバツグンに上手いあなたには、短期投資にも適性アリ。なかでも株やFOREXのデイトレードは月星座双子座向き。そもそもお金に対する執着心がさほどないだけに、ゲーム感覚で取引ができるはず。
　逆に、儲けに対する欲が出るようになったら「キケン」の暗示。デイトレードからはさっさと手を引くこと。

プアから脱却したいあなたへ

気軽な1泊旅行で 金運をぬり変える

　動けば動くほどお金の入りがよくなるのが、月星座双子座の特徴。いまお金がないという人は、とにかく動く！　できるだけ移動を多くすることが、金脈をつかむ早道よ。

　理想的なのは、近場への1泊旅行。無理であれば日帰りでもOKなので、とにかく「空気を吸う場所」を変えること。月星座双子座の金脈は「肺」から入ってくるからよ。
「乗り物に乗って、ちょっと離れた土地へ行く」というのがポイント。本気でリッチを目指すのであれば、毎週末、遠出するくらいの心意気で。

　同時に複数のことをこなせるのは、間違いなくあなたの強み。であれば、プアなときこそいろんなことにトライしてみては？　興味があるものは片っ端から、同時進行でやってみて。

　お小遣い稼ぎのサイドビジネスが本業を超える収入になったりするのも、月星座双子座にはよくあること。準備周到で真剣にやるよりも、お遊び半分のビジネス……くらいのスタンスがあなたにはピッタリ。成功率も高くなるわ。

過去世の記憶でリッチになる

今世出会う人達は
みな、あなたの教え子

　人と会うと気疲れしてしまって……という人が多い中、あなたの場合は逆。それが女友達とのたわいのないおしゃべりであれ、上司との堅苦しい面談であれ、人との会話はあなたにとって、元気の素。会話と情報交換がパワーチャージになるのね。

　過去世で当時最高レベルの教育を受けたあなたは、たくさんの人に学びの場を提供し、学問はもちろん、生きる知恵や知識を伝え続けた。教育を満足に受けられない人が多かったその昔、あなたが教えた知識がどれだけ人々の人生を変えたことか！

　今世出会う人はみな、過去世であなたの教え子だった人達。何かしら恩返しをするために登場してるのね。だからこそあなたは今世、人に会えば会うほどチャンスをもらうことができるの。

　あなたの金脈は、人との会話の中にある。初対面の人にもあなたから積極的に話しかけて。そして、一期一会の精神を大切に。突然の再会は金脈につながっている可能性大。

RICH MIND
リッチマインド
ヒント集

リッチが近づいているサイン

スマホやケータイを
失くす（盗まれる）

◆

ビビッドな色の
服が欲しくなる

◆

外国人に
話しかけられる

リッチな彼を射止めたいあなたへ

ノリの良さで相手を会話に引き込んで堅めのネタで意外性を演出すると効果的

FASHION
2次会へは
レモンイエローのドレスで

◆

MAKE-UP
耳たぶに
ピンクのチークをON

◆

AND MORE
ジャケットのインナーは
ノースリーブ

◆

PLACE
乗り入れ駅
ツインタワーの1階

リッチマインドを高めるもの

NUMBER

38

COLOR

黄色

TIME
金脈を
引き寄せる
時間帯

水曜日の
8時台（午前）
15時台

MOTIF

羽

FOOD

ピスタチオ

この時間帯にこんなことをすれば さらにリッチに

- 窓を開けて空気を入れ換える
- レモンスカッシュを飲む
- 交渉・打ち合わせをする

月星座
蟹座
のあなた
CANCER

だからあなたはリッチになれない！

心通わない人達と仕事をしているのでは？

　月星座蟹座のあなたは、愛なくして仕事はできない人。あなたがリッチになるときは、そこに必ず家族同然の仲間がいて、心と心の通い合いがある。それこそがあなたのリッチの原点なのね。逆にいえば、心が通い合わないメンバーとは絶対に仕事ができないし、みながパソコンとにらめっこしてるような寒々した職場はもってのほか。あなたにとって、あうんの呼吸で仕事ができる仲間は、リッチになるための絶対条件。「愛」がリッチの原動力といってもいいわね。

　あなたはお金のために働く人じゃない。あなたが求めているのは家族のような仲間たち。そして、彼らと喜怒哀楽を共にすること。仕事はむしろ、そのための手段なんじゃないかしら。であれば、職種や仕事の内容よりもむしろ、一緒に働く人で仕事を選んだほうがいいわね。心の通わない人達と仕事をしても、あなたの心はけっして満たされない。リッチにも程遠いわ。

あなたに必要な発想の転換

都会を離れ、故郷でファミリービジネス

　等身大の感覚を大事にする、月星座蟹座のあなた。控えめなのも悪くないけど、「毎日暮らしていければ、それで十分」なんていう自己暗示をかけないように。それってあなたの本心じゃないでしょ？

　もっとリッチになりたいならつねに勉強し、成長しなくては。セミナーや勉強会に行って新しい知識と情報をインプットすると同時に、得意なことに関してはさらに磨きをかけるべし！　プロフェッショナルレベルになるためには、第一人者のもとで学ぶことも必要かもしれないわ。

　「故郷」「地元」に縁が深い月星座蟹座は、都会よりむしろ、地方や地元で活躍できることが多いの。金脈も当然、そこにある可能性大。生まれ故郷や実家のある街、幼少期を過ごした街はリッチへの足掛かりに。とりわけファミリービジネスは、あなたにとって最高の金脈。家業を継ぐのはもちろん、兄弟でビジネスを立ち上げるのも◎。

あなたの金脈はここにある！

家でやっていることが独自のビジネスに発展

　月星座蟹座のあなたは、趣味がそのまま金脈につながるというラッキーなタイプ。たとえばスワロフスキーのデコだったり、酵素ジュースやフルーツジャム作りだったり。そういった「家にいるときはこれをやっている」というものが、何かをきっかけにお金を生む可能性大。

　とはいえ、そのためにはプライベートな時間が十分とれていることが必要よね。あなたの場合、家で過ごす時間はすべて金脈につながると考えて。

　既婚者であれば、家事に関するあなた独自のメソッドやノウハウ。子育て法や育児スタイル、ママアイテムなどが金脈につながりそう。お金がないと嘆く前に、まずはプライベートの充実をはかってみて。もし今の仕事が忙しすぎるのであれば、転職を考えるのも一案。月星座蟹座の場合、会社の仕事を優先させることは、けっしてリッチにはつながらない。プライベート優先が鉄則よ。

あなたをリッチに導いてくれる人

組織のまとめ役と
趣味を通じてつながる

　赤ちゃんからお年寄りまで、多くのファンを持つ月星座蟹座のあなた。そんなあなたをリッチに導いてくれるのはズバリ、トップに立つ人や組織を束ねる人。

　会社社長や会長、オーナー経営者のほか、「○○協会会長」「△△学園理事長」というように「長」のつく肩書を持つ人は、成功の手助けをしてくれるアドバイザー的存在。趣味を通じてつながりができれば、自然に金脈へとつながるはず。

　代議士やその秘書など、政治に関わる人とのご縁も大切にしたい。女性代議士であれば間違いなくキーパーソン。積極的につながりを持って。

　ITに強い人は、あなたにとって強力な助っ人。SNSに詳しい人、FacebookやInstagram等を駆使して積極的に情報発信している友達とは折にふれて情報交換を。

　さらに、忘れてならないのは神官や宮司、僧侶といった宗教関係者。菩提寺の住職とは日頃からよい関係をキープして。

リッチになるための習慣

毎日の食事を
イベントにする

「食」とお金が密接に結びついているのが、月星座蟹座の特徴。

　これを活かすためにはまず、あなた自身の「食に対する意識」を高めなければ。

　材料選びや調理法はもちろん、見た目の美しさや彩りまで考えながら、日々のメニューを考えてみて。

　盛り付け、器選び、テーブルに飾る花やキャンドルや写真。そしてBGMにまでもこだわってみる。そんな、1回の食にかかわる一切合財のことがあなたの金脈になるわ。お料理やテーブルコーディネートを学ぶのもおススメよ。

　友人のY美ちゃんは5年前、一人暮らしのお年寄り専門のディリバリー会社を設立。たった一人で始めたビジネスが、いまや有力企業がスポンサーにつき、市まで巻き込むビッグビジネスに発展。この引き寄せ力、月星座蟹座ならではね。

　あなたの場合、日々の食事を楽しめるようになれば、それだけでリッチに近づくわ。

リッチになるお金の遣い方

家族の幸せのために お金をかける

　月星座蟹座のあなたは、家系や一族とのつながりが深い人。それは、家族やご先祖様を大切にすることで最高の運が開けてくるということでもあるの。
　家族が喜ぶこと、家族間の絆を深めることであれば、大きめの投資もOK。たとえば二世帯住宅を建てる、バリアフリーに建て替えるなど、ご両親を幸せにするための投資は惜しみなく。
　家族のみならず、親戚の中で困っている人がいたら援助の手を差し伸べるのも必要なこと。そういった家族一族のひとりひとりに対する投資が、あなたにとっては最高のお金の遣い方。ご先祖様もきっとお喜びになるはずよ。家族や親戚のために遣ったお金は、将来何十倍にもなってあなたの元に返ってくる。ビジネスの成功、思いもよらないオファー、突然の大抜擢、多額の契約金——そんな形でね。
　座り心地のいいソファは、あなたにとって必需品。家具やインテリアは出せる範囲で最高のものを。暖色系でまとめて。

プアから脱却したいあなたへ

満月の晩、露天風呂で月光浴を

　月星座蟹座のあなたは、愛情とお金が比例するタイプ。「愛情に飢えているときは、入ってくるお金も少なくなる」と理解して。

　逆にいえば、お金が不足しているなら「愛を感じられるところ」に行って愛情補給をすればいいのね。

　たとえば、家族経営のペンション。夫婦二人で切り盛りしているレストラン。一人暮らしの人は、思い切って実家に戻るという選択も。

　人の喜ぶ顔を見ることがリッチにつながるので、友人や同僚を家に呼んで手料理をご馳走するのはいかが？　気のおけない仲間と一緒に寝泊まりするのは、あなたにとってもっとも心安らげる過ごし方。最高のパワーチャージに。

　そして、なんといっても「温泉」。源泉かけ流しであれば文句なし。満月の夜、露天風呂に入りながら月光浴をすればプア脱却は容易。

　家具を見て回りながら、「将来住みたい家」のイメージをするのも逆転法のひとつ。

❶お買い求めいただいた本のタイトル。

❷本書をお読みになった感想、よかったところを教えてください。

❸本書をお買い求めいただいた理由は何ですか？
　●書店で見つけて　　　●知り合いから聞いて　●インターネットで見て
　●新聞、雑誌広告を見て（新聞、雑誌名＝　　　　　　　　　　　　　　）
　●その他（　　　　　　　　　　　　　　　　　　　　　　　　　　　　）

❹こんな本があったら絶対買うという本はどんなものでしょう？

❹最近読んでよかった本のタイトルを教えてください。

ご協力ありがとうございました。

郵便はがき

104-8790

627

東京都中央区銀座3-13-10
マガジンハウス
書籍編集部
愛読者係 行

料金受取人払郵便
銀座局承認
2070

差出有効期間
平成30年10月
28日まで
※切手を貼らずに
お出しください

ご住所	〒			
フリガナ			性別	男・女
お名前			年齢	歳
ご職業	1. 会社員(職種　　　　)　2. 自営業(職種　　　　) 3. 公務員(職種　　　　)　4. 学生(中 高 高専 大学 専門) 5. 主婦　　　　　　　　　6. その他(　　　　)			
電話		Eメール アドレス		

この度はご購読ありがとうございます。今後の出版物の参考とさせていただきますので、裏面のアンケートにお答えください。**抽選で毎月10名様に図書カード(1000円分)をお送りします。**当選の発表は発送をもって代えさせていただきます。
ご記入いただいたご住所、お名前、Eメールアドレスなどは書籍企画の参考、企画用アンケートの依頼、および商品情報の案内の目的にのみ使用するものとします。また、本書へのご感想に関しては、広告などに文面を掲載させていただく場合がございます。

過去世の記憶でリッチになる

どんな人にも対応できる
懐の深さが持ち味

　幾多の過去世を通し大家族の中で育ったあなたは、人の心をつかむ天才。どんな年代の人とでも違和感なくつきあえ、しかも相手が喜ぶ「ツボ」を心得てる。人の心の内が手に取るようにわかるのは、過去世で赤ちゃんから曽おじいちゃんまで、多くの家族の世話をしてきたからなのね。

　あなたに話を聞いてもらうだけで心癒やされ、悩みが消えてしまう人は多いはず。カウンセラーやセラピストはもちろん、多種多様なリクエストに対処するホテルのコンシェルジェ、ゲストリレーションは、あなたの魅力と適性が最大限活かされる仕事。

　あなたはまた、人の才能を引き出すのがバツグンに上手。会社勤めをするなら人事や教育、トレーニング部門がぴったり。一人一人の適性を見抜いて適材適所の配置をするのは、月星座蟹座の得意技ともいえるもの。

　人を育てること、お世話をすること。そして、リクエストに応えること——この3つは、過去世から引き継いだ金脈のひとつよ。

RICH MIND
リッチマインド ヒント集

リッチが近づいているサイン

疎遠になっていた人から
連絡がくる

◆

夢で見たことが
実際に起こる

◆

家族の誰かが
職を変える(退職する)

リッチな彼を射止めたいあなたへ

世話好きな一面はあえて隠して ワガママなくらいが ちょうどいい

FASHION
ラウンドネックの服で
まろやかさを演出

◆

MAKE-UP
キメ細かさを強調する
うっすらメイク

◆

AND MORE
シルバーの手鏡は
最高のお守りに

◆

PLACE
温泉宿
大きな丸テーブルのあるカフェ

リッチマインドを高めるもの

NUMBER

24

COLOR

シルバー

TIME
金脈を
引き寄せる
時間帯

月曜日の
14時台
21時台

MOTIF

三日月

FOOD

カリフラワー

この時間帯にこんなことをすれば さらにリッチに

- 波の音のCDを聴く
- 乳製品を食べる
- 月光浴をする（月が見えなくても）

月星座
獅子座
のあなた

LEO

だからあなたはリッチになれない！

いまの仕事に"感動"がないのでは？

「感動のない人生なんて、生きる価値がない」──あなたはきっと、そう思ってるはず。月星座獅子座にとって、「感動」は何より大事なもの。いまの仕事に感動はある？　喜びは？「あ〜、だからこの仕事、やめられない！」っていう瞬間があるかしら？　あなたにとって重要なのは有名企業で働くことでも安定収入を得ることでもなく、仕事をしていて「感動があるかどうか」。たとえば、ウェディング関係の仕事は毎回新しい感動があり、しかもショー的要素がある。月星座獅子座には楽しめる仕事ね。ディズニーランドのような非日常的空間も、あなたにはピッタリ。「仕事なんだけど、自分が楽しんでいる」という感覚があれば、その分野は間違いなく、あなたがやるべき仕事よ。

　キーワードは「感動」と「エンターテイメント」。あなたは、人に「喜びと感動」を与えることでリッチになれる人。感動のない仕事を続けている限り、リッチへの道は遠いと考えて。

あなたに必要な発想の転換

ガマンすればするほど プアになる！

　月を獅子座に持つ人は、パワフルで才能豊か。とはいえ、「どんな仕事でもこなせる」というタイプじゃない。いえむしろ、ストライクゾーンはかなり狭いかもしれないわ。あなたは本来、我慢することが大の苦手。好きでもないことを「仕事だから」と毎日続けるのは、あなたにとって拷問以外の何ものでもない。たとえそれでお金がもらえるとしても、ツマラナイ仕事でもらったお金など、あなたにとってなんの意味もないのでは？　あなたの場合、我慢すればするほどプアになる。「我慢はリッチにつながらない」と心得て。

　こわいのは、我慢することが普通になってしまうこと。「お金は我慢の代償」などと考えるようになってしまったら、あなたの引き寄せ力は完全OFF。12星座一華やかなそのオーラも、光を失ってしまうわ。会社勤めの場合、自分で仕事を選ぶのは難しいかもしれない。不本意な部署に異動ということもあるしね。それが何年間も続くようなら、転職か独立を。

あなたの金脈はここにある！

エンターテイメント性のある華やかな世界

　人が何にお金を払うのかご存じ？「感動」にお金を払うのですよ！　ということは、「感動を与えられる人」がリッチになるということ。そして、それをいとも簡単に——いえ、当たり前にできてしまうのが、月星座獅子座のあなた。

　月を獅子座に持つ人は、生まれながらのエンターテイナー。サービス精神旺盛で、人を楽しませるのが大好き！　人前に立つことに抵抗はないだろうし、実際、パーティーや宴会でも一芸を披露することが多いのでは？　人前で話す、説明する。あるいは、ステージで歌う、踊る。そういう「ギャラリー」のいる仕事こそが、あなたにとって最大の金脈。「え〜、私はそんなの無理！」という人は、それを裏から支える仕事でもOK。映画やステージ、イベントのプロモーター。あるいは舞台照明、ヘアメイク、ドレス、衣装の仕事とか。エンターテイメント性のある華やかな世界こそが、あなたのリッチの原点よ。

あなたをリッチに導いてくれる人

同じ趣味の人が
金脈を持って来る

　月星座獅子座のあなたはポイントをつかみ、パワーと勢いでぐいぐい押していくタイプ。それだけに、細かい仕事は性に合わないのでは？　そんなあなたをサポートしてくれるのは、几帳面で数字が得意な人。とくに、税理士、会計士、司法書士といった「士業」の人達。将来あなたがリッチ街道をひた走るようになったとき、彼らの的確なアドバイスが役に立つわ。

　アートやデザインに関わっている人は、あなたにインスピレーションを与えてくれる大切な存在。彼らの一言がビジネスのネタになったり、誘われた飲み会で運命の出会いがあったりと、一生もののご縁をもたらしてくれそう。

　お金につながるコラボ企画が生まれる可能性も。

　そして、あなたに金脈をもたらしてくれるのはなんといっても、同じ趣味を持つ人。月星座獅子座にとっては「趣味＝金脈」。趣味を共有する人は、あなたに金脈をもたらす人と考えて。

リッチになるための習慣

週末、まったく違うキャラを演じてみる

　あなたにオススメしたいのは、定期的に「演じる」こと。演劇サークルに入りなさいということではなく（入ってももちろんOKなんだけど）、休日のちょっとしたお遊びと考えて。

　たとえば、ふだん清楚なお嬢さん風なら、週末はジーンズに革ジャン、編み上げのブーツ。黒々としたスモーキーアイに真っ赤なルージュ。髪はヘアウィッグでショートボブ──そんなふうに、週末だけ「まったくの別人」を演じてみるの。

　月星座獅子座は「演技」と縁の深いサイン。舞台やミュージカルの観劇もオススメだけど、自分で演じることは、それに勝るとも劣らないパワーアップ法。引き寄せ力アップのエクササイズとしてぜひ、楽しんでみて。

　日曜日はあなたにとって、もっとも金脈をつかみやすい日。テーマパーク、ライブコンサート、お祭り、イベントといった人が集まる場所に足を運んで。人が多ければ多いほどパワーチャージに。映画のロケ地を訪れるのも◎。

Keiko的 Lunalogy
お金の「引き寄せ力」を知りたいあなたへ

出版記念キャンペーン

お申込の方全員＆抽選で
Keikoプロデュースアイテムをプレゼント！

お申込期限 2017年4月3日(月)

Present 1

Keikoデザイン

本キャンペーン限定
オリジナルハート
マネークリップ

抽選で10名様

成功させたいお仕事の書類留めにもなる、大きめのマネークリップ。金脈につなげたいものにお使いください。　（※画像はイメージ）

Present 2

運をはぐくむカラダをつくる
ムーンエッセンスティー

抽選で10名様

Keikoが12星座＋新月・満月に適したハーブを厳選した、月星座の動きにあわせてお月様のパワーを細胞に届けるハーブティー。

金脈を引き寄せるヒケツ PDFデータ

Present 3

お申込の方全員に

新刊に入りきらなかった、「月星座力」を活かして金脈を引き寄せるヒケツを特別収録したPDFデータ。

ご応募方法はこちらにアクセス

Keiko公式サイト：K's Selection

http://sub.ks-selection.com/campaign/

※お申込期限：2017年 4月3日(月)
※プレゼントのPDFデータダウンロードURLは、Eメールにてご案内いたします
※プレゼントの抽選結果は、2017年4月中旬ごろ、当選者の方のみEメールにてご案内いたします

◆ Keikoプロデュース ◆

息を吸うようにお金を引き寄せる

マジカルムーン・ウォレット

Magical Moon Wallet

間もなくご予約スタート

金運を司る2大星座「牡牛座」と「蠍座」のエネルギーを封じ込めた、Keikoプロデュースの長財布。
愛の波動を宿したカラー・マゼンタピンクのエナメル素材にハートの型押しをほどこした、持っているだけで気持ちが幸福に包まれそうなデザインです。金運&開運を引き寄せるこだわりが満載です。

アイテムのご予約について

2017年 3月下旬

公式サイト K's Selection にてご予約開始を予定しています。
最新情報はメールマガジンにてご案内いたします。

公式サイト
QRコード

メールマガジン「月に願いを」では、毎日のラッキーアドバイスや新商品情報を随時お届けしております。今すぐ K's Selection よりご登録ください。

リッチになるお金の遣い方

趣味と遊びへの投資は惜しみなく

あなたはほんと、ラッキーな人。遊べば遊ぶほどお金が入ってくるんですもの！ 月星座獅子座にとっては「仕事＝遊びの延長」というのが理想。

私の友人の中でもとびきりリッチなM彦くんの口グセは「オレさー、好きなことやってるだけなんだよね。仕事って感覚、ないの」——最高でしょ？ これと同じセリフを、あなただって言えるはず。月星座獅子座には、それが許されているのだから。まずは「遊びの中に金脈がある」ということを覚えておいて。

あなたにとって、趣味は最高の投資。趣味にはいくらお金をかけてもいいくらいよ。旅行が趣味なら旅行に、サーフィンが好きならサーフィンに。趣味に限らず楽しそうなこと、面白そうなことには憶せずトライ！

バカンスを思う存分楽しむことも、必要不可欠。泊まるホテルは下手に節約せず、優雅な気分に浸れるところを選ぶべき。ゴージャスな雰囲気を味わうことも、あなたにとっては必要な投資よ。

プアから脱却したいあなたへ

歴史に名を残す人の生き方を学ぶ

　明るく華やかなオーラを放つ、月星座獅子座のあなた。そんなあなたの逆転法は意外にも、地味目の「読書」。
　ただし、テーマを選んで。
　あなたに読んでほしいのは、歴史上の人物の伝記や偉人の格言。政治家、実業家、著名人の一生を描いたもの。皇帝や王妃について書かれた本もいいわね。これは、歴史に名を残す人達の「器の大きさ」にふれるため。
　後世にまで語り継がれる人は、凡人といったいどこが違うのか。どういうものの見方、考え方をするのか。そして、偉業を成し遂げるためにどんな努力をしたのか——そういった偉人の「生き様」を学んでほしいの。
　月星座獅子座は、ダイナミックに生きてこそ金脈をつかむ人。大胆に生きて、大胆に稼ぐ人なのね。今のあなたがもしプアだとしたら、きっとチマチマ生きてるからじゃないかしら？　歴史を変えた人物のエネルギーに触れて、自分自身に「喝！」を入れるべし。

過去世の記憶でリッチになる

世の注目を集めた華々しい過去世

　今世のあなたに影響を与えているのは、スポットライトを浴びた華々しい過去世。あなたの魂はその強烈な記憶を焼きつけていて、そのときの快感を忘れられずにいるのね。
　それは舞台かもしれないし、民衆の前だったかもしれない。俳優として、歌手として、あるいは政治家や指導者として。形はさまざまでも、人々の注目を一身に浴びながら、自分自身を強烈にアピールし続けた人生であったことは確か。
　その記憶から、今世のあなたはどうすれば自分がいちばん魅力的に見えるか、世間の注目を集められるかを本能的に知っているの。しかもそれを嫌味なく、自然にできてしまうのが、あなたのすごいところ。
　人前であがるということがなく、本番にも強い。カメラを向けられると無意識のうちにポーズをとってしまうのでは？
　芸能やショービズ関係は、そんなあなたにうってつけの仕事。オーディションやコンテストにめっぽう強いから、「ミス○○」「△△の女王」に応募するのも◎。

RICH MIND
リッチマインド ヒント集

リッチが近づいているサイン

「こんなふうになりたい！」
と感じる人に出会う

◆

父親と似ている人が
登場する

◆

南の島に行ってきた人から
お土産をもらう

リッチな彼を射止めたいあなたへ

自己表現の場を増やすほどに出会いが
パーティーで目が合った男性と
ご縁あり

FASHION
金ボタンのジャケットは
チャンスの呼び水

◆

MAKE-UP
人前に出るときは
夜会巻きでゴージャスに

◆

AND MORE
休日はトロピカル柄の
トートバッグを

◆

PLACE
大都市のランドマークビル
イベント会場

リッチマインドを高めるもの

NUMBER
35

COLOR
ゴールド

TIME 金脈を引き寄せる時間帯
日曜日の10時台（午前）
17時台

MOTIF
王冠

FOOD
バター

この時間帯にこんなことをすればさらにリッチに

・イベントやコンサートに行く
・人の並ぶ行列店に行く
・トロピカルフルーツを食べる

月星座

乙女座

のあなた

VIRGO

だからあなたはリッチになれない！

与えられたことしか やっていないのでは？

　あなたほど有能な人も珍しい。一を聞いて十を知る賢さがあり、仕事ぶりは迅速かつ完璧。驚くほど優秀なのに、つねに一歩引いて周囲を見守る気配りの人──それが、月星座乙女座のあなた。これだけの人材であればお金もついてきて当然！のはずなんだけど……実際はどうかしら。

　あなたは、間違いなく有能な人。でも、みずから仕事を作り出すことはある？　イメージを膨らませて新しいものを創り上げたり、斬新なアイデアで周りを驚かせたことは？　仕事は本来、与えられるものではなく創り出すもの。クリエイティブなものなのよ。与えられた仕事をこなすだけなら、その対価しか入ってこないのは当たり前。上限が決まってくるわけだから。本気でリッチを目指すのであれば、この上限をブレイクしなくては。そのためには、クリエイティブな感性にスイッチを入れること。「新しいものを創り出す」を当たり前にすることよ。

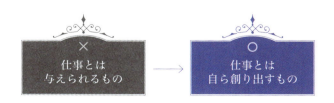

あなたに必要な発想の転換

一見"無駄なもの"に
お金をかけてみる

　真っ赤なバラを100本、家に飾ってみたことはあるかしら。「現実的かどうか」を重視するあなたにとって、100本のバラは無意味に思えるかもしれない。でも、これって体験なのよ。100本の赤いバラをリビングに飾ったとき家のエネルギーがどう変わるか。100本のバラに囲まれて眠るってどんな感じなのか──バラは1～2週間すればダメになってしまうけれど、60兆個の細胞はそのエネルギーを記憶に留めてる。そうやって高い波動を何度も経験していくうちに感性が研ぎ澄まされ、結果、引き寄せられるものが大きくなっていくのね。

　月星座乙女座のあなたは、徹底的な現実主義者。消えてなくなるもの、一度限りのものにお金をかけない傾向があるけれど、ちょっと見方を変えてみて。「現実的でないもの」にお金をかけることは、けっして無駄ではないと。「体験」という宝を手にするのだと。

あなたの金脈はここにある！

人の役に立つ喜びを積み重ねる

　月星座乙女座のあなたは、超優秀な「ナンバー2」。あなたが幸せを感じるのは「自分がサポートしている人」が認められ、活躍しているとき。自分の準備した資料によって上司のプレゼンが成功したり、お世話をしている患者さんが元気になっていく姿を見たりするのは、なによりの喜びではないかしら。あなたは「人を支える」ことで実力が認められ、徐々にリッチになっていくのね。

　ここでポイントになってくるのが、尊敬できる人のもとで仕事ができるかどうか。もし「この人は素晴らしい！」と惚れこむ人に出会い、その人のもとで働けるようであれば、あなたは金脈をつかんだも同然。師とも呼べるその人をサポートすることでありとあらゆるものを吸収し、やがてあなた自身、その人と肩を並べるくらいの実力をつけるはず。気づいたときには自分が思う以上に評価され、驚くほどリッチになっている可能性大。

あなたをリッチに導いてくれる人

ドクターとは公私ともにご縁が

あなたは謙虚で控えめなだけに、ともするとせっかくのチャンスを逃してしまうことも。それだけにキーパーソンの存在は大事。

リッチへの足掛かりをくれるのは部署や組織で「決裁権のある人」。直接仕事で関わりがなくても、年上の男性とはよい関係をキープしておくこと。信頼関係こそリッチの第一歩と心得て。

医療関係者もあなたをリッチにしてくれるキーパーソン。ドクターはもちろん、医学部・歯学部の教授、助教授、学生、大学院生。医療分野の研究者、学者。月を乙女座に持つ女性はドクターと結婚することも多いわね。

あなたにとっては「音楽」が金脈を作る重要なカギに。ピアニスト、バイオリニストといった音楽家はもちろん、仕事にしていなくても趣味で楽器を弾いている人、音大卒の人はリッチのきっかけをくれそう。

音楽会やサロンコンサートには積極的に足を運んで。12月の演奏会コンサート、海外オーケストラの日本公演にはぜひ。

リッチになるための習慣

クリエイティブな趣味で右脳を活性化

　緻密でロジカルなあなたは、典型的な左脳人間。つねに左脳優先で生きているから、意識して右脳を使う必要があるわね。

　お金は、右脳（＝感性、イメージ）で引き寄せるもの。数字で表されるから左脳（勉強、理論）の世界と思いがちだけど、実際お金を引き寄せるのは右脳のほう。

　というのも、お金は「エネルギー」だから。便宜上「お札」という形になってるだけで、その正体はエネルギーなのね。エネルギーを扱うのは、私達でいうと右脳だから、右脳が活性化してないうちは、なかなかお金って引き寄せられないのよ。額が大きくなればなるほど右脳――つまり、感性やイメージングが大事になってくるのね。

　そこでオススメしたいのが「絵」を描くこと。写真を撮るのもいいわね。これは、クリエイティブな作業を通して「イメージを表現する」エクササイズ。そうやって右脳を使うことに慣れてくると、金脈を引き寄せられるようになるわ。

リッチになるお金の遣い方

艶やかな黒髪と靴に
お金をかけて

　機能的、現実的なものを好み、役に立たないものを嫌うあなたは、12星座一のミニマリスト。月星座乙女座の人は、お金をかけていいところにすら出し惜しみしてしまう傾向が。それもこれも、あなたは「損」に対して人一倍敏感だから。
　なのでここでは、けっして損にならない、確実な投資法をお伝えするわね。
　それは、「資格をとるための勉強」。月星座乙女座は、身につけた知識やスキルがお金に直結──つまり、勉強すればするほどリッチになるのね。
　マスターレベル、インストラクターレベルの資格を最低ひとつ、持っておくのが理想。あなたにとって、資格取得とスキルアップはいちばん確実な投資法よ。
　そしてもうひとつ、お金をかけてほしいのは「ヘアケア」。艶やかな黒髪はあなたの財産であり、最高のチャームポイント。ファッションでは服より「靴」。上質な靴は、あなたのリッチ度を高めてくれるキーポイントよ。

プアから脱却したいあなたへ

本能に従って"予定外"の行動をしてみる

　綿密な計画を立て、スケジュール通りに事を進めるあなた。仕事上はよしとして、プライベートではもっとルーズになってみては？

　あなたにとって必要なのは、いい意味での「いい加減さ」。お昼過ぎまで寝てる日があってもいいし、ときどきジャンクフードを食べたっていいじゃない。そう、「本能に従ってみる」の。朝起きたときふと思い浮かんだ場所に行ってみる。誰かの顔が思い浮かんだらメールしてみる。「休日に連絡したら迷惑よね……」などと余計な心配をしないこと。仕事上、つねに相手の立場を優先させているあなただからこそ、仕事以外では自分本位になってほしいの。

　面白いことに、そうやって「本能で動く自分」が当たり前になってくると、お金に対する引力も強くなってくる。お金は本能で引き寄せるものだからよ。

　あなたの場合、「音」からの影響が強いので、心安らぐ曲を聴きながら眠りにつく習慣を。

過去世の記憶でリッチになる

多くの人を痛みから救った
愛と研鑽の日々

　過去世で医学の知識を積み、多くの治療に関わってきたあなたは、今世でもかなりヘルスコンシャス。健康オタクを自認する人もいるくらい、月星座乙女座と「健康」の関わりは深いわ。

　なかにはドクター顔負けの知識を持つ人や、人の不調の原因を本能的に読み取ってしまう人も。これは今世で学んだものというよりむしろ、過去世から持ち越した魂の記憶。過去世、多くの患者を診てきた蓄えた膨大なデータとカンが、今世もしっかり息づいているのね。

　当然、医療や治療に関わることはすべて、あなたの金脈。なかでもアロマやハーブ、漢方、薬膳、ホメオパシーといった「自然の力をかりて病を治す」仕事は、まさにあなたの天職。あなた自身、やっていて満足度が高いはず。

　栄養や日々の健康管理に関しても造詣が深いので、食育に関わる仕事もいいわね。オーガニックマイスター、野菜ソムリエをとっておくと将来役に立ちそう。

RICH MIND
リッチマインド ヒント集

リッチが近づいているサイン

健康診断で
再検査が必要になる

◆

ダブルブッキングや
ドタキャンが続く

◆

クルマを
買い換えたくなる

| リッチな彼を射止めたいあなたへ |

横顔の美しさに見とれる男性多し
警戒心を外せば
チャンス倍増

FASHION
素材重視の服に
白襟をプラス

◆

MAKE-UP
ここぞという時は
赤いリップで勝負

◆

AND MORE
スマホをいじるより
本を開く

◆

PLACE
オフィス街にあるレストラン
ホテルのプール

リッチマインドを高めるもの

NUMBER

79

COLOR

白

MOTIF

キー（鍵）

TIME
金脈を
引き寄せる
時間帯

水曜日の
15時台
22時台

FOOD

セロリ

この時間帯にこんなことをすれば さらにリッチに

- ピンクのルージュをひく
- 人に褒め言葉をかける
- 粗塩を入れてお風呂に入る

月星座
天秤座
のあなた

LIBRA

だからあなたはリッチになれない！

ひとり黙々と仕事をしているのでは？

　世の中には自らの手で人生を切り開く人もいるけれど、あなたの場合、人生は「自分以外の人」が切り開いてくれるもの。月星座天秤座にとって、人との出会いは「人生の生命線」ともいえる重要なものなのね。お金に関しても然り。あなたがもしお金に不自由してるとしたら、人間関係をないがしろにしてるか、人との交流が少なすぎるかのどちらか。

　あなたには「つねに人に見られている」という感覚も必要不可欠。自分を見てくれる人がいなければ元気が出ないし、モチベーションも湧かない――それが、月を天秤座に持つ人の本音。モチベーションが湧かなければ当然、お金は入ってこないわよね。

　あなたは人との交流を通して花開き、認められ、望んだ以上のものを手にする人。お金がないならまず、人間関係を豊かにすること。人づきあいを増やすこと。社交性を高めること。月星座天秤座の鉄則よ。

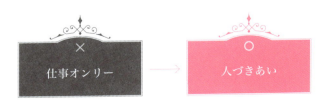

あなたに必要な発想の転換

優雅な野心と
競争心を持ってみる

　優雅で美しく、調和を愛する平和主義者。そんなあなたに唯一欠けているものがあるとすれば、それは「ハングリー精神」。チャンスがすぐ目の前にあるのに「そんなに大変ならいいわ」とやる前から諦めることはなかったかしら。今後本気でリッチを目指すなら、「易きに流れる」クセをあらためなければ。ガツガツしてないところがあなたの良さでもあるけれど、ここぞというときは多少のガンバリも必要。ほどほどのレベルでとどまっている限り、リッチへの道は開けてこない。アマチュアにアマチュアレベルのお金しか入ってこないのは、当然のことよね。

　平和主義者のあなたは、競い合うことが得意じゃない。でも、リッチになる過程で、適度な競争はつきもの。競争を忌み嫌うのではなく、向上するために必要な過程ととらえてみて。競うことを楽しめるようになれば、リッチへの道は自然に開けてくるわ。

あなたの金脈はここにある！

ハイソで美しい仕事が社交性にマッチ

「洗練」「スタイリッシュ」は月星座天秤座を象徴するキーワード。これは、あなた自身が洗練されたスタイリッシュな人であると同時に、そういうものからお金が入ってくるということなのね。たとえば、著名人が集う一流ホテルやレストラン。セレブが出入りするセレクトショップ。こうしたちょっとハイソな世界はズバリ、あなたの金脈。持ち前の社交性を十二分に発揮できそうね。

　ファッション、ヘアメイク、ネイル、エステといった「女性の美」をサポートする仕事は、リッチへの最短距離。あなたならではのセンスと美意識をしっかり表現できれば、成功の可能性大。あなたの場合、一人でやるよりパートナーがいたほうがベター。ただし、パートナー選びは慎重に。あなたにとって、「誰と組むか」は何をするか以上に重要なこと。言葉にウソがなく、時間に正確。あなたをリードしてくれる有言実行の人を選んで。

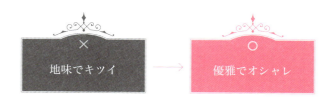

あなたをリッチに導いてくれる人

存在感ある寡黙な人が
最高のアドバイザー

　寡黙なのに周りから一目置かれ、独特の存在感を放っている——そんな「ただものじゃない」的オーラを醸し出す人こそ、あなたをリッチに導くキーパーソン。

　男女にかかわらず、圧倒するようなオーラの持ち主に出会ったらぜひ、声をかけてみて。その人はきっとあなたの隠れた才能を見抜き、適切なアドバイスをくれるはず。

　あなたがリッチになるために必要なのは、適切なタイミングで適切な方向に動くこと。でも、月星座天秤座は決断が苦手なだけに、「ベストタイミング」を逃してしまうこともしばしば。

　そんなとき、この人の何気ない一言は最高のアドバイス。「え、なぜわかるの⁉」と思わず叫びたくなるような、そのものズバリのアドバイスをくれるはず。

　ちなみに、あなたにとって大事な人かどうかは「声」で判断できるわ。あなたが「生理的に好き」と感じる声の持ち主は、金脈に導いてくれる大事な人。見た目より「声」で判断を。

リッチになるための習慣

あわただしい朝を リッチに過ごす

あなたの金運を握っているのは、「朝」の時間帯。正確にいうなら、出勤前（あるいは仕事に取り掛かる前）の時間をどう過ごすかが、リッチになれるかどうかの分かれ目なのね。お金がないという人は十中八九、余裕がない。ギリギリまで寝ていて、バタバタしながら家を飛び出る——そんな毎日。

大切な朝をこんなふうに過ごしていたら、お金が入ってこないのは当然。というのも、お金は「余裕ある人」を好むから。ギリギリ、バタバタ、アタフタしてる人のところにはやってこないのよ。

万が一あなたがそうであれば、これから朝の過ごし方を変えなくては。朝早く起きて、ゆったりとヘアメイク。コーヒーを飲みながら、その日一日をシミュレーションするくらいの余裕があれば完璧。

朝食にはぜひ、柑橘系フルーツを。朝早く家を出てカフェで過ごすのもいいわね。朝7時台のカフェでよく見かける男性は、ソウルメイトの可能性あり。

リッチになるお金の遣い方

見た目と立ち居振る舞いに磨きをかける

　月星座天秤座は、「見た目の美しさ」が金運に大きく関わってくるの。美人不美人ということではなく、「エレガントで洗練された女性」に見えることが重要なのね。

　いずれにせよ、そういう女性になるためには、多少なりともお金がかかる。髪や素肌はもちろん、ボディにも磨きをかけなくては。これらはすべて、あなたにとって必要な投資。エステやヘアサロンに遣うお金は贅沢ではなく、リッチになるための必要経費と考えて。

　エレガントな女性になるためには、所作や立ち居振る舞いも重要ね。マナー講座やウォーキングレッスンを受ける、フィニッシングスクールに通うなどして優雅な所作と洗練された立ち居振る舞いを身につけて。

　あなたにとっては服や小物もすべて、リッチになるための投資。安物やカジュアルすぎるものはやめて、品格のある女らしいものをセレクト。月星座天秤座のあなたは「自分自身が商品」と心得て。

プアから脱却したいあなたへ

揺るぎない"自分軸"を確立する

　天秤座は「対人関係」を意味するサイン。ここに月を持つあなたは根っからの社交家で、人に合わせるのが上手。とはいえ、相手に不快な思いをさせたくないと思うあまり、付和雷同することがデフォルトになっていないかしら。

　協調性があるのはいいけれど、時と場合によりけり。リッチになるためには「自分軸」がどうしても必要になってくるの。「自分の考えで行動する」ことが当たり前にできるようにならないと、あなただけの金脈を見つけるのは難しい。最終的に金脈を見出すのは、あなた自身の魂だから。

　あなたの場合、人に合わせるときと自分軸を貫くときの「バランス」が課題。本気でリッチを目指すのであれば、まわりのアドバイスを参考にしながらも、魂の向かう方向を見極めて。

　人の意見に右往左往するのではなく、「魂の声」を聴く耳を持つ。人の希望ではなく、自分自身が望むものを優先させる。

　人間関係においては、つねに「対等」を意識して。

過去世の記憶でリッチになる

社交界を魅了した エレガントレディ

　あなたが持つ優雅な佇まいは、過去世から受け継いだ財産のひとつ。つねに笑みを絶やさず、どんな相手にもソツなく対応する天性のホステスぶりは、社交界の華的存在だった過去世で培ったもの。裕福な家庭に生まれ育ち、何の不自由もなく暮らしていた記憶が色濃く残っているので、あなたは今世でも、あくせく働くのは苦手ではないかしら。

　そんなあなたにオススメしたいのは、ハイクラスの人達が出入りするエクスクルーシブなスペース。一流ホテルや高級旅館のゲストリレーションは、持ち前の社交性を最大限発揮できる仕事。ふつうなら萎縮してしまうようなVIPにも自然体で、しかも、相手の優越感をくすぐる対応ができてしまうのが、あなたのスゴイところ。「ワンランク上のサービス」を目指して自分磨きを。

　月が天秤座にある人は写真写りがいいので、広告塔として活躍する可能性も。広報、広告宣伝、PRといった仕事もあなたにはうってつけ。過去世で培った社交術が、今世は金脈になりそうね。

RICH MIND
リッチマインド ヒント集

リッチが近づいているサイン

いままで履いていた靴を
捨てたくなる

◆

会社から異動や転勤を
言い渡される

◆

パンツスーツを
着てみたくなる

> リッチな彼を射止めたいあなたへ

追うより追わせること
誘われたら
一度お断りが効果的

FASHION
スカーフとベルトを
うまく取り入れて

MAKE-UP
マスカラは
黒よりブラウンがベター

AND MORE
玄関に花を飾るのを
お忘れなく

PLACE
地方都市の美術館
歴史ある庭園

リッチマインドを高めるもの

NUMBER
36

COLOR
ピンク

TIME
金脈を引き寄せる時間帯
金曜日の
16時台
23時台

MOTIF
リボン

FOOD
イチジク

この時間帯にこんなことをすればさらにリッチに

- ふだん話さない人に話しかける
- 髪をハーフアップにする
- 男性と2人で過ごす

だからあなたはリッチになれない！

誰にでもできることを
やっているのでは？

「この私にしかできない」——月星座蠍座のあなたにとって、この自覚こそが最大のモチベーション。逆にいえば、誰にでもできることをやっていたって、あなたのリッチボタンはONにならないってこと。平凡なデスクワークをやっているとき、こんな声が聞こえてきたことはないかしら。「これって誰にでもできるでしょ、なぜ私がやらなきゃいけないの？」——それはきっと、魂からのメッセージ。今の仕事にどうしても身が入らない、一生懸命やっているのに、今ひとつ結果が出ないというときは、あなたの魂がNOを言ってる証拠。本気でリッチになりたいなら、魂の声を無視しないで。その声こそが、あなたがリッチになれない原因なのだから。

月星座蠍座の人は、ありきたりのことをやってちゃいけない。そんなことをするために生まれてきたんじゃないもの。「自分にしかできないことをやる！」そう覚悟を決めたとき、リッチへの扉がはじめて開かれるのよ。

あなたに必要な発想の転換

自分が惚れ込んだもので勝負する

　あなたには「本物」を見極める天性の目が備わっている。表面的なものに惑わされず、その奥に隠された本当の価値を瞬間的に見抜いてしまう眼力の持ち主——それが、月星座蠍座のあなた。あなたの場合、本物とは思えないもの、あるいは人に関わっている限り、リッチにはなれない。魂が入らないからよ。

　リッチを目指すのであれば、あなた自身が「本物」と認めるもので勝負して。たとえば、ある人にしか作れないもの。ある場所でしか採れないもの。特殊なルートでしか手に入らないもの。あるいは、ストーリー性のあるもの。「それを扱っているのは自分だけ」という優越感の持てるものがいいわね。ポイントは、あなた自身がその価値に「惚れ込んでいる」ということ。それに携わる価値があるか、一生を捧げる価値があるかどうかを判断の基準に。それが何であれ、「魂が動かされる」感覚があれば、間違いなくあなたの金脈よ。

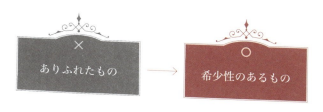

あなたの金脈はここにある！
ダイヤモンドの原石を掘り当てる

「金脈」という言葉があなたほどに合う人はいないんじゃないかしら。あなたはまさに、黄金を掘り当てる名人。

たとえば、ヨーロッパの田舎町で作られる金細工。カカオ90％のピュアブラックチョコレート。とある湖のみで育つ水色の真珠——そんな「隠れた逸品」に対して天性のカンを持つのが、月星座蠍座のあなた。まだ世に出てきていない「ダイヤモンドの原石」を見つけるのがあなたの天職であり、そして、金脈。とはいえ、ダイヤモンドの原石はじっとしていて見つけられるものじゃない。いろいろな所に足を運び、人と会い、新しいものを見聞きする中で、偶然出会うものなのね。その意味で、あなたがやるべきことはまず、動くこと。行動範囲を広げること。友人知人を増やすこと。感性というアンテナをつねに立てておくことも忘れないで。人知れず徳を積み、人間性を磨いておくのも重要ね。ダイヤモンドの原石は、徳のある人のもとにやってくるからよ。

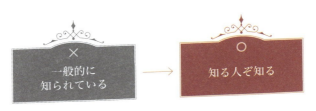

あなたをリッチに導いてくれる人

保険や銀行の営業マンから思わぬご縁が

　月星座蠍座の特徴である「相続運」。これは必ずしも遺産を相続するということではなく、もっと広い意味を含んでるの。

　たとえばお店や会社、事業。そしてその経営権。つまりあなたの場合、誰かの後を引き継いだり、ダメになった（あるいはなりかけている）ものを引き取って再生させることで、思いがけない金脈を手にするということなのね。

　しかもその話は、縁もゆかりもない人から、誰かを通してやってくることがほとんど。だからこそ、狭い交友関係のなかに閉じこもっていないで、テリトリー以外の人ともつながっておくことが重要なのね。なんともラッキーなこの相続運は、それなりの人脈があってこそよ。

　キーパーソンはまず、不動産関係の人。銀行マン、保険の営業マン。転勤でやってきた上司や同僚。婿養子に入った男性。地元の不動産業者さんと仲良くなっておくことも忘れずに。ベストタイミングでお宝情報が入ってくる可能性大。

リッチになるための習慣

官能的なダンスで エネルギーを発散

　蠍座はそもそも「ため込む」サイン。マグマのような巨大エネルギーを秘めながら、それがほとんど表に出てこないのは、ため込むだけで外に出さないから。つまり、エネルギーを発散するのが苦手なのね。

　あなたの場合、感情も体力も、ふつうにしているとため込む一方。メンタルを安定させる意味でも、定期的に発散する習慣を持ったほうがいいわね。そうすることでエネルギーの循環がよくなって引き寄せ力が高まり、リッチスイッチがONになるのよ。

　いちばんいいのは身体を動かすこと。サーフィンやスイミングなどのウォータースポーツ、もしくはダンス。なかでもフラダンス、フラメンコ、ベリーダンスといった官能的なダンスは、センシュアルなあなたにぴったり。

　意外なところでは「釣り」。月星座蠍座の人は「獲物をとる」ことに快感を覚え、隠れた本能が目覚めてくるからよ。「え〜オジンくさい！」などと言わずにトライしてみて。できれば豪快な海釣りにチャレンジを。

リッチになるお金の遣い方

不動産投資で
不労所得を目指す

「不労所得」と縁の深い、月星座蠍座のあなた。月を蠍座に持つ人のなかには、実際働いて稼ぐお金より、不労所得のほうが多いという人も少なくないわ。

そんなあなたにピッタリなのが「不動産投資」。蠍座は「再生」「リニューアル」を意味するサインなので、新築よりも中古物件の購入がベター。なかでも、ヴィンテージマンションの購入は金脈のひとつ。中古をリフォームして家賃収入を目指すのがオススメよ。

マイホームを買うのもGOOD。今の時代、賃貸暮らしのほうが気楽でいいという人も多いけれど、あなたの場合、マイホームを持つことでリッチ度が格段にアップ。宅建や不動産鑑定士といった不動産関係の資格をとっておくと一生の財産に。

「睡眠」にもぜひお金をかけたいところ。質のよい睡眠が大きな金脈を引き寄せるので、ベッドはもちろん、枕、シーツ、布団、といった寝具類への投資は惜しみなく。

プアから脱却したいあなたへ

人の力を借りて
多馬力で挑む

　月星座蠍座には「実力者」という言葉がふさわしい。周囲では「仕事のできる人」で通っているのではないかしら。とはいえ、これが弱点といえば弱点。

　あなたのように仕事ができる人は、人の力を借りるのが苦手。人に仕事を任せられない。全部自分でやらないと気が済まない、という人が多いのね。結果、一人で仕事を抱え込んでしまうことに……。

　でも、一人でこなせる量には所詮、限度がある。であれば、仕事を一人で抱え込むクセを止め、シェアするスタイルに変えてみては？

　たしかに、あなた以上に仕事ができる人はそういないかもしれない。でも、あなたくらいのレベルになれば、人を育てるのも仕事のうち。未熟な人にあえて仕事を任せ、あなたの知識やスキルをシェアするのも大事なことよ。

　リッチへの逆転法があるとすれば、それは「人の力を借りること」。一人の力より多馬力のほうが強力なのは言うまでもないわね。

過去世の記憶でリッチになる

薬草やハーブに精通した スピリチュアルな過去世

　過去世の記憶をもっとも鮮明に残すのが、月星座蠍座のあなた。過去世で培った知識やスキルが「色濃く残っている」という意味よ。中世ヨーロッパの魔女、あるいは、アメリカインディアンのメディスンウーマン……。

　いずれにせよ、自然界の精霊たちとつながり、彼らとのチャネリングを通して薬草やハーブを調合していたみたい。いまでも見えない存在と通じ合ったり、ときおり不思議な体験をするのは、過去世で培ったスピリチュアルな能力がいまだ生きているからなのね。

　薬草やハーブに深くかかわった経験から、漢方やハーブ療法、ホメオパシーは天職のひとつ。たんなる趣味のつもりだったのに、気づいてみたら本職になっていた——なんてことも。月星座蠍座は「香り」が金脈に結びついているから、アロマを生活の中にぜひ取り入れて。香道や調香はあなたにぴったりの趣味といえるわね。

　火曜日の夜は香を焚いて寝るのをお忘れなく。潜在意識からリッチになっていくわ。

RICH MIND
リッチマインド ヒント集

リッチが近づいているサイン

休みの日に
同僚とバッタリ会う

◆

長年の友人が
離れ始める

◆

ある特定の時代に
興味を持つようになる

> リッチな彼を射止めたいあなたへ

失恋の後に運命の出会いが秘密を打ち明けることで親密な関係に

FASHION
ハイネックや
襟のつまったトップスが◎

◆

MAKE-UP
つけまつ毛で
憂いのある表情を演出

◆

AND MORE
マニキュア＆ペデキュアは
ボルドーで

◆

PLACE
新幹線の駅
歩道橋の見えるカフェ

リッチマインドを高めるもの

NUMBER
19

COLOR
ワインレッド

TIME
金脈を引き寄せる時間帯
火曜日の
11時台（午前）
18時台

MOTIF
無限大(∞)

FOOD
アボカド

この時間帯にこんなことをすればさらにリッチに

・集中的に仕事をする
・ランジェリーを買う
・赤ワインを飲む

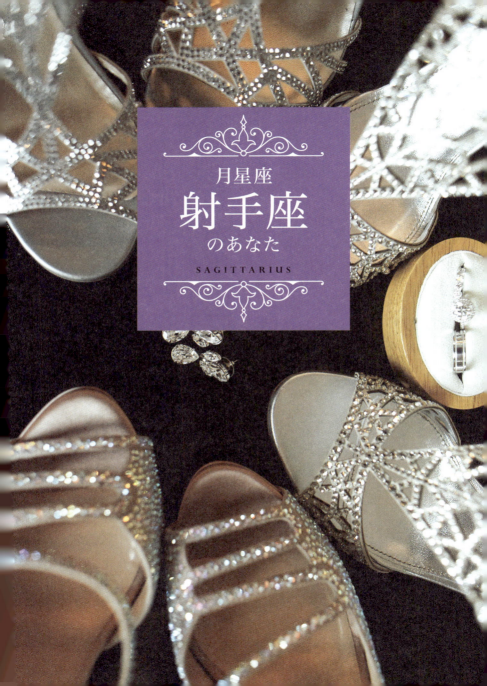

月星座
射手座
のあなた

SAGITTARIUS

だからあなたはリッチになれない！
今いるフィールドが小さすぎるのでは？

　哺乳類最速のチータでも、小学校の校庭では速さがわからない。その速さは、サバンナという広大な環境でこそ発揮されるものなのね。人間だって同じこと。その人に相応しい環境というのがあるのよ。あなたがもし「お金がぜんぜん入ってこない」というのなら、校庭のチータと同じような状況なんじゃないかしら。つまり、今いるフィールドが小さすぎて、あなた本来の力が発揮できてない。だからお金もついてこないの。

　あなたの場合、地元密着のローカル企業より外資系グローバル企業のほうが相応しいし、デスクワークより営業職のほうが似合ってる。月星座射手座にとって、自由な環境でのびのび行動できることはリッチになる最低条件。なかには、舞台を海外に求める人も。欧州３か国で日本食レストランを経営してるＴ氏なんかは、月星座射手座の典型ね。狭いフィールドで縮こまってるかぎり、リッチへの道は遠いと心得て。

あなたに必要な発想の転換

ひとつのものを多方面に展開する

　射手座は「拡大」「拡張」を意味するサイン。ここに月を持つあなたは、ひとつのものをどんどん拡大させていくのが得意なのね。たとえば、あなたが今、ある商品を日本だけで売ってたとしたら、韓国や台湾に輸出してみる。その次はアジア全域に。さらにはアメリカ、ヨーロッパへ。

　もしあなた独自のコンテンツがあるなら、初級・中級・上級とレベル分けしてみる。日本語版だけでなく中国語や英語版も作ってみるとかね。そんなふうに、ひとつのものをどんどん横展開し、拡大拡張していくやり方が、月星座射手座の真骨頂。

　あなたはもともと多才な人だけれど、だからといってあれこれ手を出してしまうと、どれも中途半端になる危険性が。まずは、いま手元にあるものを違う層に広めることから始めてみて。そうやって確実な金脈がひとつできたら、次のターゲットにチャレンジを。

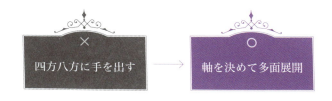

あなたの金脈はここにある！

独自の開拓力に広める力をプラスする

　天空の狩人・射手座は、根っからハンター気質。獲物を探して縦横無尽に動き回れる仕事が、あなたにはぴったり。たとえば、新商品のバイヤーや顧客開拓。宣伝、PRといった「情報を広める仕事」は、フットワークのいいあなたにうってつけ。月星座射手座は出版にも縁が深いので、ライターや編集の仕事も楽しめるはず。自分の専門分野を最低ひとつ持っておけば、リッチ度は格段にアップするわ。

　あなたにとっては「教育」も金脈のひとつ。ただし、学問というよりは自己啓発系と考えて。実際あなたは、人の成長を助けることに関心があるのでは？　であれば、海外のメソッドを日本に持ち込むのも一案。あなたがファシリテーターとなって伝えるのがベスト。外国製品の販売権をとって代理店になるのもいいわね。ハードであれソフトであれ、海外から持ち込んだものを広めることはすべて、あなたの金脈。イベントの企画・運営はサクセスへの最短距離。

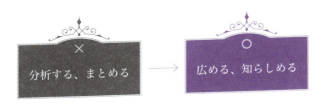

あなたをリッチにしてくれる人

多くの門下生を持つ「師匠」や「先生」

　月星座射手座のチャンスは、つねに新しい扉を通してやってくる。

　あなたに金脈をもたらすのはズバリ、「初対面の人」。海外旅行のとき現地で出会った、講演会でたまたま隣の席だった、パーティーでちょっと立ち話をした……そんな一期一会の出会いが意外な金脈につながることもしばしば。

　1年以上経ってから「そういえば、あの人が詳しい情報をもってるかも……」ということが起こりがちなので、とりあえず名刺交換をしておいたほうがベター。

　月星座射手座は、その道の実力者、第一人者と不思議なご縁が。なかでも「師匠」「先生」と呼ばれ多くの教え子や門下生を持つ人は、あなたの金脈となんらかの形でつながっている可能性あり。

　大学教授、助教授、学者といったアカデミックな人達はあなたの知的好奇心を満たしてくれそう。シンクタンクやコンサルティングファームに勤める友人とは定期的にコンタクトをとって。

リッチになるための習慣

土鍋で炊いたご飯を食べて「安定感」を養う

　あなたには生まれつき、成功に必要な知性と発想力が与えられてる。行動力と瞬発力、そしてスピードも。ただ、思いついたアイデアを具現化し、それを安定まで持っていくのがやや苦手かもしれないわ。

　そこでぜひ実践していただきたいのが、電子炊飯器ではなく土鍋でご飯を炊くこと。

　土鍋で炊いたご飯には「持続」と「安定」のエネルギーが凝縮されてる。この２つはどちらも、あなたがリッチになるために必要不可欠な要素。土鍋で炊いたご飯をいただくことで、この２つのエネルギーを取り込むことができるのよ。

　できれば白米より玄米を。他の料理にも土鍋を使えばさらに効果的ね。

　月星座射手座は、「引っ越し」が金脈に結びつくタイプ。住まいを変えることでリッチ度がめきめきアップするので、定期的に引っ越しをするのが理想。お金がないというときこそ、思い切って引っ越しを。

リッチになるお金の遣い方

海外で休暇を過ごし人脈を作る

　月星座射手座のあなたは「専門知識」を学ぶことでリッチになる人。高い教育を受けるほど運が開けてくるので、勉強にかけるお金は惜しまずに。

　大学院、専門学校、マネジメントスクールに通うのは、あなたにとって何より確実な投資。

　可能であれば、MBA、USCPAといった国際資格を狙いたいところ。留学をきっかけにリッチ街道を突き進むのは、月星座射手座の典型的パターンよ。

　長期の休みがとれるならぜひ、海外へ。

　あなたの金脈はなんらかの形で「外国」と結びついていることが多いので、海外には積極的に足を運んで。同じ国に何度も行くより、毎回渡航先を変えることで引き寄せ力もアップ。現地の人達と交流を深めるのもお忘れなく。外国での人脈はかけがえのない財産になるわ。

　外国語の勉強も、あなたにとっては必要不可欠な投資。お稽古事なら乗馬がオススメよ。

プアから脱却したいあなたへ

知性と野性、両方使ってバランスをとる

　射手座の象徴は半人半馬のケンタウロス。下半身（馬）はスピーディーな行動力を、上半身（人）は高い知性を表してるのね。

　あなた自身もまた、アカデミックとワイルド、二つの側面を持ってる。せっかく二物を与えられてるんだもの、両方使ってみては？　雑誌の編集とカメラマン、企画営業とピラティスインストラクターというように。

　好奇心旺盛なあなたは、いろんなことに関わっていたい人。仕事とはいえ、ひとつの世界だけでは物足りないと思うの。昼と夜の顔が違っていてもいいし、平日と週末でやっていることが違っててもいいじゃない？

　知性と教養を求めるアカデミックな好奇心と、新しい世界を見たい知りたいというワイルドな好奇心——あなたの場合、この両方を満たすことが成功のカギ。

　今まだリッチになれてないのは、片翼しか使ってないからかもしれない。いっそのこと両翼を使ってしまえばバランスがとれるはずよ。

過去世の記憶でリッチになる

貿易商として旅とともにあった過去世

　月星座射手座のあなたは、じっとしていられない性格。つねに刺激を求めるその性格は、貿易商としてあらゆる国を巡り歩いた過去世の記憶によるものなのね。

　行商をしながら街から街へと渡り歩き、地元の人の家に泊めてもらい、その地の特産物を仕入れてまた次の街へと向かう——旅とともにあった過去世を経験しているから、今世でも旅行に関わる仕事は、天職のひとつ。

　ツアーコンダクターやガイドはもちろん、個性的な旅のコーディネートをしたり、特定の国に関する情報コンテンツを作るのもよし。海外から面白い商品を輸入するのもいいし、もちろん、その逆もアリ。

　お気に入りの街やショップがあったらぜひ、ブログやSNSで情報を発信してみて。

　世界中の人々が行き交う空港やホテルは、あなたにとって理想的な職場のひとつ。「なぜか懐かしい」と感じる国はきっと、あなたが過去世を過ごしたところ。仕事を通してその国にかかわることで、金脈につながる可能性大。

RICH MIND
リッチマインド ヒント集

リッチが近づいているサイン

友人（知人）が
海外に住むようになる

◆

今まで取り組んできたことに
興味がなくなる

◆

大学（院）生と
知り合いになる

リッチな彼を射止めたいあなたへ

旅先での出会いが
人生を変える暗示
意味深な眼差しが恋のきっかけに

FASHION
ヒップラインが出る
パンツスタイル

◆

MAKE-UP
額を出して
Tゾーンにハイライトを

◆

AND MORE
ユニセックスジュエリーの
重ねづけ

◆

PLACE
輸入インテリアショップ
新進気鋭のシェフがいるレストラン

リッチマインドを高めるもの

NUMBER
58

COLOR
パープル

TIME
金脈を
引き寄せる
時間帯

木曜日の
5時台（午前）
12時台（午後）

MOTIF
馬蹄

FOOD
プルーン

この時間帯にこんなことをすればさらにリッチに

・語学の勉強をする
・旅行の予約をする
・ランチビュッフェに行く

だからあなたはリッチになれない！
プロフェッショナルとしての自覚が足りないのでは？

　山羊座というサインは、お金と「時間」が密接に結びついてる。つまりあなたは、「時間をかけてじっくり取り組む」ことでお金を引き寄せるタイプなのね。逆にいえば、仕事を転々としているようだと、なかなかお金が入ってこない。もしいまお金がないというのなら、これまでやった仕事がすべて中途半端だったのではないかしら。

　あなたの場合はまず、「軸」を決めること。軸というのはあなたが「好きなこと」「得意なこと」「今まで長年やってきたこと」のいずれか。そして、いったん軸を決めたら、よそ見をせずにじっくり取り組む！　いちばん大事なのは、「プロフェッショナルになる」と決めること。その分野の第一人者になる心意気でね。

　あなたはもともと超優秀な仕事人。プロの自覚さえ生まれれば、メキメキ実力をつけ、すぐ周囲に認められるはず。ヘッドハントの声がかかりやすいのも、月星座山羊座の特徴よ。

あなたに必要な発想の転換

常識から
ちょっと外れてみる

　月星座山羊座のあなたは、一言でいえば「常識人」。有能で仕事熱心だから、暮らしていくのに困らない額は入ってくると思うの。とはいえ、「その程度じゃイヤ！　もっとリッチになりたい！」というのであれば、あえて常識から外れてみて。

　たとえば、リッチの代名詞のようなY子ちゃん。彼女のクリニックは朝7時から診察開始で、土日祝日もオープン。常識とちょっと違うでしょ？　他の人がやってないことをするだけでリッチになれちゃうのは、Y子ちゃんが証明済み。彼女いわく、「ふとヒラメイタからやってみただけ」。

　こんなふうに、ふと思いついたことは金脈につながってる可能性大。月を山羊座に持つ人は超現実派だから、直感とかヒラメキはあまり信じないかもしれない。でも、だいそれた構想や用意周到な計画が金脈につながることは稀。リッチになるきっかけは、ほんのちっちゃな思いつきなのよ。

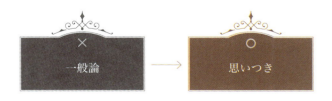

あなたの金脈はここにある！

歴史と伝統を持つ老舗ブランド

　月星座山羊座のあなたは、歴史あるものに価値を見出す人。時間が生み出す価値を知っているのね。

　そんなあなたが関わるものは、古いものであればあるほどベター。たとえば、「老舗」と呼ばれるブランド。長い年月をかけて育まれてきた名品や名店。歴史と伝統を持つものは、あなたにとって確かな金脈のひとつよ。「宮内庁御用達」といった枕詞がつくものならさらによし。会社を選ぶのであれば、ベンチャーより歴史ある企業がいいわね。

　月星座山羊座は、それがモノであれ人であれ、「最高峰」とされるものに縁があるの。もし目指す分野があるなら、その道の第一人者に師事し、その神髄を学ぶこと。それなりの年月はかかっても、あなたにとってはそれが逆にリッチへの近道。「時間のかかるところに金脈あり」と心得て。

　山羊座は「国」を意味するサインでもあるので、国家資格をとるのもオススメ。ハードル高めのものにチャレンジを。

あなたをリッチに導いてくれる人

ゴージャスマダムから豪快に生きる術を学ぶ

　まずは、グローバルな感性を持つ国際人に注目。あなたの場合、自分のポジションを確立するのは得意だけれど、テリトリーの拡大はちょっと苦手。そんなとき、世界を舞台に活躍する人々の発想が、閉塞感を打ち破る突破口に。

　月星座山羊座はある意味、「日本」という国と運命共同体。この国から受ける恩恵は大きいものの、そこにグローバルな着想を加えることで、金脈はさらに拡大。

　男女問わず「この人、タダモノじゃない」と思わせる人物はズバリ、あなたのキーパーソン。なかでも、セレブ感たっぷりゴージャスマダムは、あなたに必要なパワーをくれる人。「こんな豪快な生き方がしてみたい！」という憧れを抱かせる女性はあなたの野心を奮い立たせ、リッチスイッチが入るきっかけに。行動、ファッション、仕事の仕方、お金の払い方など、彼女から学ぶことは多いはず。

　会社オーナーで数字とビジネスに強い人物は、あなたのメンター的存在に。

リッチになるための習慣

エクササイズで脚線美に磨きをかける

あなたにとって、努力はさほど苦にならないはず。というのも、「努力はけっして裏切らない」ことを体験的に知っているから。

リッチを目指すのであれば、その信念を「ボディ」に使ってみることをオススメするわ。ボディラインを整えるエクササイズを、毎日コツコツ続けてみるの。

月が山羊座にある女性は、なんといっても骨格が美しい！ いい意味での筋っぽさが魅力ね。とくに膝の形がキレイなので、膝周りのエクササイズを日課にしてみては？ 女性にとって美しいボディラインは、何にも勝る財産よ。

あなたの場合、ローヒールを履くと地味になりすぎちゃう。膝下の美しいラインを強調するためにも、ハイヒールを習慣に。「歯」もリッチを引き寄せる重要なパーツなので、定期的にホワイトニングを。

座禅や写経も、ぜひ取り入れたい習慣。月星座山羊座は、「メンタルの安定＝お金の安定」。座禅や写経での精神統一は、リッチを作る貴重な時間と心得て。

リッチになるお金の遣い方

時間をかけて
マスターレベルを目指す

　月星座山羊座のあなたにとって、資格は金脈に直結。資格取得のための勉強には、いくら投資してもOKよ。

　ベジタブルマイスターなどイマドキの資格より、税理士、司法書士といった古くからある国家資格がベター。民間資格であれば、より高いレベルを目指すのが鉄則。中級を終えたら上級、上級までいったらインストラクターレベルというように。

　着付け、茶道、華道、日本舞踊といった伝統的なお稽古事は月星座山羊座と相性バツグン。できれば名取や師範を目指したいところ。長い時間をかけて技を磨くことはあなたにとって、引き寄せ力を高める最高のエクササイズ。無駄にならない投資法よ。

　歌舞伎や能・狂言に代表される伝統芸能は、あなたの「格」に相応しい趣味。洋モノならオペラがオススメ。

　あなたの場合、安っぽいものを身につけるのはNG。とくに時計、靴、バッグは一流品を。和装が似合う人なので、着物の購入も◎。

プアから脱却したいあなたへ

イメージングで見えない力を味方につける

「お金はあなたのイメージ通りに動く」といったら、あなたは驚くかしら？ そんなことあるワケないでしょ！ って思ったかもしれない。

でも、この宇宙では、見えるものより見えないもののほうが、ずっとパワフル。というか、見えないものが、見えるものを生み出してるのね。

だから、リッチな自分をイメージできない人がビリオネアになることはありえない。人生はイメージが「現象化」したものだから。

あなたに必要なのは、リッチな自分をイメージする力。もし難しければ、映画や雑誌、写真集で理想のシーンを見つけ、頭の中で再現してみて。イメージングは、宇宙にリクエストを送るいちばん確実な方法よ。

人並み以上の才能、努力を厭わない忍耐力、結果を出す実務能力──あなたにはおよそ、成功に必要なものがすべて与えられている。これにイメージングが加われば、鬼に金棒。あなたがリッチになるのを阻止するものは、何もなくなるわ。

過去世の記憶でリッチになる

厳しいマナー教育を受けた名門貴族の令嬢

　あなたは物心ついた頃から「いつもきちんとしていなければ」と感じていたのではないかしら。もしかすると、くだけた場よりフォーマルシーンのほうが落ち着けるかもしれないわね。

　これは、名家の令嬢だった過去世の記憶によるもの。幼い頃から一流のマナーと教養を徹底的にたたき込まれ、厳しい躾を受けて育った過去世の名残なのね。あなたからにじみ出る凛とした佇まいは、過去世で受けた教育が、いまなお骨の髄までしみ込んでいる証拠。そしてそれは間違いなく、あなたの財産。

　そんなあなたにオススメしたいのは、マナー講師として礼儀作法やプロトコールを教えること。「礼法」「接遇」「ビジネスマナー」「テーブルマナー」などの講師資格をとって、レディ達に教えてみては？

　「先生」「師匠」「認定講師」という肩書はズバリ、月星座山羊座の金脈。なかでも伝統的なマナーやしきたりを教えることは、あなたのライフワークになるはずよ。

RICH MIND
リッチマインド ヒント集

リッチが近づいているサイン

仕事で同郷の人と
知り合いになる

◆

明るい色やパステルカラーを
着てみたくなる

◆

年上の男性から
食事に誘われる

リッチな彼を射止めたいあなたへ

落ち着いたストイックな雰囲気が魅力
ONとOFFのギャップが
男心をくすぐりそう

FASHION
スカートは膝丈がベスト、
ミニはNG

◆

MAKE-UP
口紅にオレンジ系グロスを重ねて

◆

AND MORE
メガネを2つ持って使い分けを

◆

PLACE
コンサートホール
百貨店の宝飾品売り場

リッチマインドを高めるもの

NUMBER
41

COLOR
ブラウン

TIME
金脈を引き寄せる時間帯
土曜日の
6時台（午前）
13時台

MOTIF
ダイヤ柄

FOOD
黒ゴマ

この時間帯にこんなことをすればさらにリッチに

・和のお稽古事をする
・資格取得の勉強をする
・神社に参拝する

月星座
水瓶座
のあなた

AQUARIUS

だからあなたはリッチになれない！

出る杭になるのを避け、平凡に徹しているのでは？

　月星座水瓶座のあなたは、才能あふれる超個性的な人。「え？　私、めちゃフツーだけど」と思ったかしら。あなたには「出る杭は打たれる、ならば出ないでおこう」という潜在意識があって、それが仕事においても影響してるみたい。斬新なアイデアがあっても「どうせ却下されるだけだし」とハナから諦め、その都度葬り去ってる。でも、こういう状態が続くと、あなたの細胞はやる気を失ってしまうの。「平凡がいちばん、だったら才能なんて使う必要ないよね」と。そうやって、右にならえの生き方をしてたら、入ってくるお金だって右にならえ。リッチにはなりようがないわ。

　でも、時代は変わった。いまや日本も、出る杭は打たれない時代。このスピード社会では常識なんてあってないようなものだし、奇抜なアイデア、ユニークな個性、おおいに結構。人と違うその感性を遠慮なくアウトプットしてみては？　これからは「人と違うもの」に高値がつく時代よ。

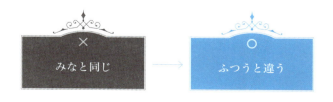

あなたに必要な発想の転換

利益度外視こそ
リッチへの道

　「逆転運」は、月星座水瓶座の大きな特徴。儲けようと思って周到に準備したビジネスがまったくうまくいかず、逆に、ボランティアのつもりで始めたことが、大きなビジネスに発展する――これが、月星座水瓶座の典型的パターン。であれば、それを逆に利用しちゃえばいいの。つまり、リッチになりたいのなら逆に、利益最優先をやめる。あえてNPO法人を作るとかね。利益が出るまで多少時間はかかっても、それはいずれ、あなたの金脈につながるはず。

　水瓶座は「ボランティア」を意味するサイン。あなたの場合、利益を第一に考えるより、むしろ「ライフワーク」という捉え方のほうがいいと思うの。そもそもあなたは、お金にさほど執着がない。自分のやっていることを通して、人に気づきを与えることが嬉しいのでは？　であれば、初めからそれを目指し、利益は二の次にしちゃいましょうよ。結果的に、それがリッチへの最短距離よ。

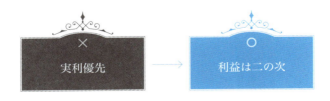

あなたの金脈はここにある！

インターネットと
最先端のトレンドを意識

　このインターネット社会から最大の恩恵を受けるのが、月星座水瓶座のあなた。インターネット関係の仕事やビジネスはすべて、あなたの金脈。なかでも、WEBデザイナー、CGクリエイターといったクリエイティブな仕事はあなた向き。自分のこだわりのものをネットショップで売るのもOK。YouTubeはぜひ活用を。テーマはなんでもいいので、あなたの「こだわり」を追求し、それをアウトプット。遅かれ早かれ金脈になるわ。

　キーワードは「トレンド」。あなたの金脈は「最先端のもの」とリンクしてるので、流行やヒット商品は抜かりなくフォローして。実力を発揮したいならフリーランスがベター。フリーランサーのネットワークを作り、目的に応じてコラボ……というスタイルがベスト。自由度が高ければ高いほどリッチに近づくあなた。独立することに不安は抱かなくてOKよ。

あなたをリッチに導いてくれる人

"異分子"との交流で
逆転運がスイッチONに

　水瓶座は「人脈」を意味するサイン。あなたの場合、人脈が広がるほどにリッチ度もアップすると考えて。なかでもぜひ交流を持ってほしいのは「生まれも育ちもまるで違う人」。出身地、家庭環境、学校、職業、趣味嗜好、雰囲気……「ふつうにしてたらまるで接点ないよね」という人こそ、あなたにとってキーパーソン。

　似たり寄ったりの環境で育った人とばかりつきあうと、月星座水瓶座特有の「逆転運」がONにならず、人生がありきたりのものに。リッチになりたいなら「異分子」が必要よ。

　マスコミ関係者とのつながりも有意義。映画、テレビ、CMといった「映像」にかかわる人はあなたのモチベーションをアップ、金脈につないでくれそう。

　海外在住の人はあなたの夢を叶えてくれる暗示。とくに、ニューヨークとつながりがある人とは積極的に情報交換を。外科、歯科のドクターとのディスカッションは、あなたに理知的なヒラメキをくれそう。

リッチになるための習慣

1日ひとつ
新しいアイデアを書き留める

　月星座水瓶座といえば、私の友人S君を出さないわけにはいかないわ。彼が学生時代から書き続けているノートの総数は、なんと650冊！　そこに書かれているのは商品のアイデアから新しいビジネスモデルの構想まで。頭に浮かんだ「商売のネタ」を書き留めているのね。そうやって、彼は3つの会社を作って上場させ、いまや悠々自適のリッチ生活。

　かたや主婦のJ子さんは、さまざまな特許を持つ「発明家」。その特許を商品化するというビジネスでリッチになってるわ。

　この2人からわかる通り、月星座水瓶座は「ザ・アイデアマン」。アイデア豊富なだけでなく、それをお金に替える天賦の才を持ってるのね。

　あなたもぜひ、アイデアをメモする習慣を。「こんなものがあったらいいのに」と思ったら忘れずにメモ。できれば、思いついたときだけでなく、毎日最低1つ、アイデアを生み出す訓練を。金脈を引き寄せる最高のエクササイズになるわ。

リッチになるお金の遣い方

情報機器や家電製品は最新式のものを

　あなたにとって、スマホ、タブレット、パソコンといった情報機器は、金脈を作ってくれる大切な道具。相棒ともいうべき重要アイテムなので、この部分への投資は惜しまずに。使い勝手に応じて複数持ってもいいし、月々のプランは制限の少ないものをチョイスしたほうがベター。

　水瓶座は「電気」に縁の深いサインだけに、家電や電気製品にもお金をかけてOK。値段よりもクオリティにこだわって正解。その際必ず、最新式のものを選ぶこと。あなたの場合、最先端のものに触れることでリッチスイッチがONになるからよ。

　インターネット以上に重要なのが、「人的ネットワーク」。月星座水瓶座にとって、仲間との交流は生命線ともいうべきもの。「人的ネットワーク＝金脈」だから、人にかけるお金は惜しみなく。「ここは全部私持ちね」と言えるくらいの太っ腹は必要よ。

プアから脱却したいあなたへ

インスピレーションを
素直に受け入れる

　あなたは典型的な「ヒラメキ型人間」。啓示と呼ぶにふさわしいヒラメキが降ってくることも珍しくないのでは？　でも、それをちゃんと行動に移してるかどうかは別問題。そもそもあなたは、自分のヒラメキを信じてるかしら。

　水瓶座は「理論」を意味するサイン。そこに月を持つあなたは、きわめてロジカル。筋道が通ること、理屈で説明できることを好むのね。

　でも、直感やインスピレーションは理屈じゃないし、説明もできない。だからあなたはこう思うわけ──「直感なんて信じられない、根拠がないもの」ってね。

　でも、あなたの直感は人一倍、正確。それは、月星座水瓶座には生まれつき「波動」や「周波数」をキャッチするアンテナが備わってるからなのね。これこそが直感であり、インスピレーション。「インスピレーションはロジックの一部」ととらえ、それを信頼するようにしてみては？　直感やヒラメキは金脈が近づいているお知らせと考えて。

過去世の記憶でリッチになる

時代の先を行き過ぎた天才的頭脳の研究者

　あなたのインテリジェンスとロジカルな思考は、研究者として多くの実験を重ねた過去世の記憶。理系脳の名残から、あなたは今世においてもロジックを組み立てるのが得意。ふだんでも無意識のうちに起承転結を考えているのでは？

　そんなあなただから、編集やライティングの仕事は何の苦もなくできるはず。頭の中でイメージしたものを形にするのは、得意中の得意。

　立体的思考ができる人なので、デザインや設計、建築に関わる仕事に適性が。ロジック、仕組み、構造を考えることは、すべてあなたの金脈と考えて。

　過去世では、自分の仮説が世の中に理解されることなく、たった一人で研究を続けざるを得なかったみたい。理解されない淋しさを嫌というほど知っているからこそ、横のつながりを求める気持ちも人一倍。今世では多くの仲間と意見を交換し合い、ひとつのものを完成させる喜びを味わって。同志の存在はお金以上に価値あるものよ。

RICH MIND
リッチマインド ヒント集

リッチが近づいているサイン

高級な腕時計が
欲しくなる

◆

ピンヒールの靴を
履いてみたくなる

◆

手間のかかる料理を
作りたくなる

リッチな彼を射止めたいあなたへ

親友という立ち位置で最高の男性をゲット グループ交際から入ればスムーズ

FASHION
アシンメトリーなデザインが◎

MAKE-UP
下瞼(まぶた)のアイラインはグレー系で

AND MORE
メッシュを入れたツートーンヘアにトライ

PLACE
アートギャラリー
有名建築家設計のビル

リッチマインドを高めるもの

NUMBER
97

COLOR
ネオンカラー

TIME 金脈を引き寄せる時間帯
金曜日の
13時台
20時台

MOTIF
スター

FOOD
マッシュルーム

この時間帯にこんなことをすればさらにリッチに

・いつもは絶対にしないことをする
・募金をする
・サイエンスフィクションを読む

月星座
魚座
のあなた
PISCES

だからあなたはリッチになれない！

愛ある人達に囲まれていないのでは？

　12星座一イマジネーション豊かな、月星座魚座のあなた。とりわけ音楽やアーティスティック分野においてはダントツの才能が。そのあなたがもしお金に恵まれていないとすれば、まわりからの影響を受けすぎているのかも。

　月を魚座に持つ人は、感性がいたくデリケート。あらゆるエネルギーに敏感で、その日の天気はもちろん、家族の機嫌や職場の雰囲気といったことにかなり左右されてしまうの。なかでも、一緒に働く人からの影響は大。ガサツな人やソリの合わない人達の中であなたが才能を発揮するのは、正直、かなりむずかしい。エネルギーが委縮してしまうからよ。

　あなたの場合、重要なのは仕事そのものより、「誰と一緒に働くか」。そして、「どういう環境で働くか」。あなたがリッチになるためには、愛にあふれた人達と心通わせながら働くことが、どうしても必要になってくるの。あなたの金脈は「愛と思いやり」を通してやってくるのよ。

あなたに必要な発想の転換

"お金を稼ぐ"
という発想を捨てる

「この世からお金がなくなればいいのに……」そう思ったことも、一度や二度ではないはず。月を魚座に持つ人は、現実を直視するのが苦手。計算や料金交渉はできればやりたくないし、ノルマや売り上げがどうこう言われると、一挙にモチベーションが下がってしまうのではないかしら。

　あなたはいっそのこと、「お金を稼ぐ」という意識を捨てたほうがいいわね。というか、お金のことは考えなくて結構。お金ありきだと、せっかくの才能が発揮できなくなってしまうから。画家のY子さんがこんなことを言ってたわ。「500万円で描いてくださいと言われると、いい絵が描けない。500万円に相応しいかどうか色々考えて、不自然な絵になっちゃうの」。あなたの場合も、まさにこういうこと。お金のことはおいといて、「自分らしい仕事」をすることだけに没頭する。そうすればあなた本来の才能があふれだし、結果的にお金もついてくるわ。

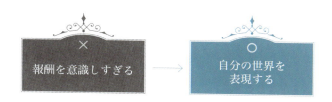

報酬を意識しすぎる → 自分の世界を表現する

あなたの金脈はここにある！

ファンタジックな感性を
モノや空間で表現

　魚座は12星座最後のサイン。ここに月を持つあなたの感性は、いい意味で浮世離れしてる。その旺盛なイマジネーションとファンタジックな感性は、マンガやアニメ、イラスト、デザイン、音楽といった形で活きてくるの。OLのC代ちゃんは、趣味で描いたオリジナルキャラをスタンプ化したところ、それが売れに売れて、思いもよらないビッグビジネスに。クリエイティブな月星座魚座ならではの成功例ね。
「空間」に縁があるのも、月星座魚座の特徴。アーティスティックセンス抜群だから、ウィンドウディスプレーやインテリアデザインといった仕事はぴったり。
　魚座はとりわけ「海」と縁が深い。たとえば、豪華客船のアテンダントとして世界中をクルーズするのはどうかしら。海のエネルギーにふれていると運気アップするし、何より、海は月星座魚座にとって宝の山！　金脈につながる出会いやチャンスもあるはず。リゾートやスパでの仕事もオススメよ。

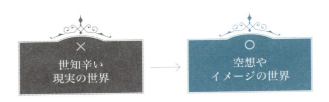

あなたをリッチに導いてくれる人

YES/NO をズバリ言う
思い切りのいい楽天家

　あなたにとって、誰とつきあうかはきわめて重要。というのも、月星座魚座の人は無意識のうちに、一緒にいる人の波動に同化してしまうから。
　テンションの高い人といればあなたのテンションも上がり、寝不足の人と一緒にいればあなたも眠くなる……という具合。逆にいえば、つきあう人をチョイスして、自分の運を変えることも可能よ。
　あなたをリッチに導いてくれるのは、楽天的で思い切りがよく、行動力のある人。決断力があればさらによし。自分で決断するのが苦手なあなたには、YES/NO をキッパリ言い放ってくれる人がほしいところ。この人達はあなたのやる気を引き出し、「やる時は徹底的にやる！」というメリハリを与えてくれるわ。
　もう一人、あなたをリッチに導いてくれるのは、ヘアスタイリスト。あなたの場合、センスのいいヘアスタイリストに出会えれば、それだけでリッチに近づけるほどよ。

リッチになるための習慣

内から外から こまめな水分補給を

　月星座魚座の人はまず、水分を多めに摂ること。日々の習慣の中では、これが何より重要ね。あなたにとって、「水＝金脈」。お金が不足してきたなら、体内の水分が足りてない可能性大。あなたの金運は水分に呼応してることを、ぜひ覚えておいて。硬水より軟水のほうがベター。

　身体の中だけでなく、外からも「水分補給」を。週末は海辺で過ごす、川べりを散歩するなどして、水のエネルギーをチャージ。もちろん、プールで泳ぐのも◎。

　定期的にタラソテラピーを受けるのもいいわね。海藻を使うタラソテラピーには、海のエネルギーが凝縮。あなたにとって最高のパワーチャージになるわ。

　水族館もぜひ足を運んで。自由に泳ぎ回る魚たちを見ているとイマジネーションが活性化、直感もシャープに。

　見えない世界とつながれるあなたは、夢の中で情報をキャッチすることもしばしば。夢日記はあなたにオススメの習慣よ。

リッチになるお金の遣い方

上質なベッドで寝ながら金脈をキャッチ

　あなたの金運は「家」とも深くかかわっているから、住まいにはお金をかけたいところ。月が魚座にある人はモノの波動からかなり影響を受けるので、できるだけ上質な家具を選ぶこと。

　いちばん重要なのはベッド。ベッドにはお金をかけてほしい。私達の運が、寝ている間に作られるのをご存じかしら? つまりベッドは、「運を育てる土台」なのね。あなたの場合、夢の中で金脈をキャッチすることも多いので、上質なベッドで寝ることはきわめて重要。マットレスに厚みのある、木製のベッドを選ぶこと。マットレスの下に収納BOXがあるのはNG。エネルギーに混乱をきたすわ。

　家具以前に、いま住んでいる環境があまりよくない、住んでいてなぜか落ち着かないというのであれば、思い切って引っ越しを。海や川のそばならベスト。

　月星座魚座の人は、住環境がよくなればよくなるほどリッチになるから、家具や引っ越しにかけるお金は惜しまずに。最低限、必要な投資よ。

プアから脱却したいあなたへ

居心地の悪いオフィスなら迷わず転職を

　魚が水のない所で生きられないように、あなたは愛のない所で生きられない。先に「仕事そのものより環境のほうが大事」と書いたのは、つまりそういうことなのね。
　あなたが本気でリッチになりたいならまず、「人」を選ぶべき。万が一、今の職場が「愛のない人」だらけだったとしたら、迷わず転職を。そんな環境でいくら頑張ったところであなたの心は満たされないし、お金もついてこないわ。
　あなたの場合、人と同じくらいオフィス環境も重要ね。
　殺伐とした雑居ビルはいわずもがな、高層ビルが立ち並ぶ人工的なオフィス街も避けたいところ。海や川が見えるような環境ならベスト。オフィスの中にアクアリウムがあれば理想的。
　とはいえ、いちばん重要なのはオフィスの雰囲気。月が魚座にある人は「和やかな雰囲気」がないと仕事に身が入らない。笑顔のない張りつめた環境では、あなたのエネルギーが委縮してしまうわ。早々に見切りをつけるべきね。

過去世の記憶でリッチになる

聖職者としての祈りが今世、ヒーリング能力に

　マリア像を見て、なぜか涙がこぼれてきた経験はないかしら。月星座魚座のあなたは、キリスト教と縁の深い人。世のため人のために祈り続けた過去世から、あなたは「祈り」の尊さを誰よりも知っている。家族のために祈り、傷ついた友人のために祈り、祖国を追われた難民たちのために祈る——あなたの日常にはいつも祈りがあって、それがまた、多くの人々を救っているのも事実。

　自覚してないかもしれないけど、あなたの祈りのパワーは絶大。そして、聖職者として過去世で培った祈りの力が、今世ではヒーリング能力に昇華してるのね。あなたは正真正銘、癒やしの人。ただいるだけで、人の心や身体を癒やせてしまうの。

　ヒーリングにかかわる仕事はもちろん、あなたの天職。レイキやヒプノセラピーなどのスピリチュアル系はもちろん、オステオパシー、アーユルヴェーダといった代替医療を学んでみると、過去世の記憶が最高の形で活きてくるわ。

RICH MIND
リッチマインド ヒント集

リッチが近づいているサイン

社交ダンスを
習ってみたくなる

◆

ペットが飼える家に
引っ越したくなる

◆

男性から
コンサートに誘われる

リッチな彼を射止めたいあなたへ

はかなげな雰囲気が男性を虜に
同情からの恋は
百害あって一利なし

FASHION
靴とストッキングには
服以上にこだわって

MAKE-UP
白目の美しさをキープし、
涙袋を強調

AND MORE
コンサートには
水玉模様のブラウスで

PLACE
噴水のある公園
ダーツバー

リッチマインドを高めるもの

NUMBER

29

COLOR

青緑

TIME
金脈を
引き寄せる
時間帯

木曜日の
12時台 (午後)
19時台

MOTIF

クロス(十字架)

FOOD

メロン

この時間帯にこんなことをすれば さらにリッチに

・川べりを散歩する
・海辺のレストランに行く
・シーフード料理を食べる

おわりに

　私的にはNOなのに、宇宙から「なに言ってるの、それはYESでしょ！」と訂正されることがよくある。今回の本なんかも、まさにこのパターン。

　編集のY子さんに「Keikoさん、次の本はお金でいきましょう！」と言われたとき、内心、気乗りがしなかった。というのも、お金に関しては3年前、『リッチな人だけが知っている宇宙法則』（大和出版）という本をすでに出していて、私が語れることはすべて、そこに込めたつもりだったから。それ以上書けることもないだろうと、いったんお断りしたのね。

　が、しかし。宇宙クンから即、反撃が（笑）。忘れもしない、その日の夜。帰宅してパソコンを開いたとたん、待ってましたとばかりに飛び込んできたそのメールは……。

　「Keikoさん、金運も月星座によって違いますよね？　どの本に書いてありますか？　ブログを探しても見つからなかったのですが。あと、天職についても知りたいです。私は月星

座双子、妹は乙女、姉は獅子です。よろしくお願いします!」

　うわ、きたーーーっ、宇宙からの剛速球が! これはもう、「月星座別にお金のことを書きなさい」ってことですね? 宇宙クン。

　……というわけで、お正月明けから執筆を始め、バレンタインデーの日に無事書き上げたのが、今回の本。

　最初の月星座本を出してから9カ月——この間、「月星座」が日本中にじわじわと浸透してきたのは、私にとってこの上なく嬉しいこと。でも、こんなもんじゃないですよ〜月星座は。もっともっと、奥が深いの。なんたって過去世までもわかってしまうんだから……。

　まあ、それはさておき。とりあえずこの本では「どんな分野で、どんな仕事の仕方をすればラクにお金が入ってくるのか」を理解して。「リッチになるためのガイドブック」と考えていただければ嬉しいかな。

　あ、そうそう。今回の本は、男性で手に取って下さる方も多いと思うの。なので念のため申し上げておくと、本書の内容は、男性にももちろん、そのまま当てはまります。安心してお読みくださいね。

自分の月星座を調べよう

自分の月星座を調べる方法は、2通りあります。

① 次頁からの「月星座早見表」を見て、自分の生年月日と出生時間が該当する部分を調べる（表の見方は下の解説をご参照ください）。

1月2日・3時～1月4日・9時の間に生まれた人は月星座牡牛座になります。※時間が不明の人は誕生日の12時（正午）生まれとして星座を決定してください。

② Keikoの無料ホロスコープ作成サイト
moonwithyou.comで調べる。

- 1965年以前、もしくは1999年以降に生まれた方、月星座早見表でチェックするのが面倒な方は、②でどうぞ。
- ①と②で違う星座になった場合は、②の結果を優先させてください。

1965

牡羊座		1/9・16	2/5・22	3/5・04	4/1・11	4/28・20	5/26・05	6/22・13	7/19・20	8/16・02	9/12・08	10/9・15	11/5・23	12/3・08	12/30・17
牡牛座		1/11・23	2/8・05	3/7・11	4/3・17	5/1・02	5/28・12	6/24・21	7/22・05	8/18・11	9/14・17	10/11・23	11/8・07	12/5・17	
双子座		1/14・03	2/10・11	3/9・16	4/5・22	5/3・05	5/30・15	6/27・01	7/24・11	8/20・18	9/17・00	10/14・06	11/10・13	12/7・22	
蟹　座		1/16・04	2/12・13	3/11・20	4/8・01	5/5・08	6/1・16	6/29・02	7/26・13	8/22・22	9/19・05	10/16・10	11/12・16	12/10・01	
獅子座		1/18・03	2/14・14	3/13・22	4/10・04	5/7・10	6/3・17	7/1・02	7/28・13	8/24・23	9/21・08	10/18・14	11/14・19	12/12・02	
乙女座		1/20・03	2/16・14	3/15・00	4/12・07	5/9・13	6/5・19	7/3・02	7/30・12	8/26・23	9/23・09	10/20・16	11/16・22	12/14・04	
天秤座		1/22・05	2/18・16	3/18・02	4/14・11	5/11・17	6/7・23	7/5・05	8/1・13	8/28・23	9/25・09	10/22・18	11/19・01	12/16・07	
蠍　座		1/24・12	2/21・00	3/20・07	4/16・16	5/13・23	6/10・05	7/7・11	8/3・17	8/31・02	9/27・12	10/24・22	11/21・06	12/18・12	
射手座		1/26・23	2/23・06	3/22・15	4/18・00	5/16・08	6/12・14	7/9・20	8/6・02	9/2・09	9/29・18	10/27・03	11/23・12	12/20・19	
山羊座	1/2・05	1/29・11	2/25・18	3/25・02	4/21・10	5/18・18	6/15・01	7/12・07	8/8・13	9/4・20	10/2・03	10/29・12	11/25・21	12/23・04	
水瓶座	1/4・18	2/1・00	2/28・07	3/27・15	4/23・23	5/21・07	6/17・14	7/14・20	8/11・02	9/7・09	10/4・16	10/31・00	11/28・08	12/25・16	
魚　座	1/7・06	2/3・12	3/2・19	3/30・03	4/26・11	5/23・19	6/20・02	7/17・09	8/13・15	9/9・21	10/7・04	11/3・12	11/30・21	12/28・04	

1966

牡羊座		1/27・00	2/23・06	3/22・12	4/18・18	5/16・02	6/12・10	7/9・18	8/6・01	9/2・07	9/29・14	10/26・20	11/23・04	12/20・12	
牡牛座	1/2・03	1/29・11	2/25・17	3/24・23	4/21・05	5/18・13	6/14・22	7/12・06	8/8・14	9/4・20	10/2・02	10/29・08	11/25・16	12/23・00	
双子座	1/4・09	1/31・19	2/28・03	3/27・08	4/23・13	5/20・21	6/17・05	7/14・15	8/11・00	9/7・07	10/4・13	10/31・18	11/28・02	12/25・10	
蟹　座	1/6・12	2/2・23	3/2・08	3/29・14	4/25・20	5/23・02	6/19・10	7/16・20	8/13・06	9/9・14	10/6・21	11/3・03	11/30・09	12/27・16	
獅子座	1/8・12	2/4・23	3/4・10	3/31・18	4/28・00	5/25・06	6/21・12	7/18・21	8/15・06	9/11・18	10/9・02	11/5・09	12/2・14	12/29・21	
乙女座	1/10・12	2/6・22	3/6・10	4/2・20	4/30・03	5/27・08	6/23・20	7/20・22	8/17・08	9/13・18	10/11・04	11/7・12	12/4・18		
天秤座	1/12・13	2/8・22	3/8・09	4/4・20	5/2・05	5/29・11	6/25・16	7/22・23	8/19・07	9/15・18	10/13・05	11/9・14	12/6・23		
蠍　座	1/14・17	2/11・00	3/10・10	4/6・21	5/4・06	5/31・14	6/27・20	7/25・02	8/21・08	9/17・18	10/15・04	11/11・15	12/8・23		
射手座	1/17・01	2/13・07	3/12・14	4/9・00	5/6・10	6/2・19	6/29・23	7/27・07	8/23・13	9/19・20	10/17・06	11/13・17	12/11・02		
山羊座	1/19・11	2/15・16	3/14・23	4/11・07	5/8・16	6/5・01	7/2・09	7/29・15	8/25・21	9/22・03	10/19・11	11/15・21	12/13・07		
水瓶座	1/21・22	2/18・04	3/17・11	4/13・18	5/11・02	6/7・10	7/4・18	8/1・01	8/28・07	9/24・13	10/21・20	11/18・04	12/15・13		
魚　座	1/24・11	2/20・17	3/19・23	4/16・06	5/13・14	6/9・22	7/7・06	8/3・13	8/30・19	9/27・01	10/24・07	11/20・15	12/17・23		

1967

牡羊座		1/16・20	2/13・03	3/12・10	4/8・16	5/5・22	6/2・05	6/29・13	7/26・21	8/23・05	9/19・12	10/16・18	11/13・00	12/10・07	
牡牛座		1/19・09	2/16・13	3/14・23	4/11・05	5/8・11	6/4・18	7/2・02	7/29・10	8/25・17	9/22・00	10/19・07	11/15・13	12/12・20	
双子座		1/21・20	2/18・04	3/17・11	4/14・20	5/10・23	6/7・06	7/4・14	7/31・22	8/28・06	9/24・13	10/21・20	11/18・02	12/15・08	
蟹　座		1/24・03	2/20・13	3/19・21	4/16・04	5/13・09	6/9・15	7/6・23	8/2・08	8/30・17	9/27・01	10/24・07	11/20・13	12/17・19	
獅子座		1/26・06	2/22・17	3/22・03	4/18・11	5/15・17	6/11・22	7/9・05	8/5・13	9/1・23	9/29・09	10/26・14	11/22・19	12/20・01	
乙女座	1/1・00	1/28・08	2/24・18	3/24・05	4/20・15	5/17・22	6/14・13	7/11・09	8/7・17	9/4・02	10/1・13	10/28・22	11/25・06	12/22・11	
天秤座	1/3・02	1/30・09	2/26・18	3/26・01	4/22・16	5/20・01	6/16・07	7/13・12	8/9・19	9/6・03	10/3・14	10/31・01	11/27・10	12/24・16	
蠍　座	1/5・05	2/1・11	2/28・18	3/28・04	4/24・15	5/22・02	6/18・09	7/15・15	8/11・21	9/8・04	10/5・13	11/2・00	11/29・11	12/26・21	
射手座	1/7・09	2/3・15	3/2・21	3/30・05	4/26・15	5/24・02	6/20・11	7/17・18	8/14・00	9/10・06	10/7・14	11/4・00	12/1・11	12/28・21	
山羊座	1/9・15	2/5・21	3/5・03	4/1・09	4/28・18	5/26・04	6/22・14	7/19・22	8/16・04	9/12・10	10/9・16	11/6・01	12/3・11	12/30・22	
水瓶座	1/11・22	2/8・05	3/7・11	4/3・17	5/1・00	5/28・09	6/24・18	7/22・03	8/18・10	9/14・17	10/11・22	11/8・05	12/5・14		
魚　座	1/14・09	2/10・15	3/9・22	4/6・03	5/3・10	5/30・19	6/27・02	7/24・10	8/20・18	9/17・01	10/14・07	11/10・13	12/7・20		

1968

牡羊座		1/6・15	2/3・00	3/1・08	3/28・16	4/24・22	5/22・03	6/18・10	7/15・18	8/12・03	9/8・12	10/5・20	11/2・02	11/29・07	12/26・14
牡牛座		1/9・03	2/5・11	3/3・19	3/31・03	4/27・09	5/24・15	6/20・21	7/18・05	8/14・13	9/10・21	10/8・05	11/4・12	12/1・18	12/29・00
双子座		1/11・16	2/8・00	3/6・08	4/2・09	4/29・22	5/27・04	6/23・10	7/20・17	8/17・01	9/13・09	10/10・17	11/7・00	12/4・06	12/31・12
蟹　座		1/14・03	2/10・12	3/8・20	4/5・04	5/2・11	5/29・17	6/25・23	7/23・06	8/19・13	9/15・21	10/13・05	11/9・12	12/6・19	
獅子座		1/16・11	2/12・20	3/11・05	4/7・14	5/4・22	6/1・04	6/28・10	7/25・16	8/22・00	9/18・08	10/15・17	11/12・01	12/9・07	
乙女座		1/18・17	2/15・01	3/13・11	4/9・21	5/7・06	6/3・12	6/30・18	7/28・00	8/24・07	9/20・16	10/18・02	11/14・11	12/11・16	
天秤座		1/20・22	2/17・04	3/15・13	4/12・00	5/9・10	6/5・19	7/3・01	7/30・07	8/26・13	9/22・21	10/20・07	11/16・17	12/14・02	
蠍　座		1/23・01	2/19・07	3/17・15	4/14・01	5/11・12	6/7・22	7/5・05	8/1・11	8/28・17	9/25・00	10/22・09	11/18・20	12/16・05	
射手座		1/25・04	2/21・10	3/19・19	4/16・00	5/13・11	6/9・22	7/7・07	8/3・14	8/30・20	9/27・02	10/24・16	11/21・03	12/18・12	
山羊座		1/27・07	2/23・13	3/21・19	4/18・01	5/15・11	6/11・21	7/9・07	8/5・16	9/1・22	9/29・04	10/26・10	11/22・19	12/20・07	
水瓶座	1/2・00	1/29・10	2/25・16	3/23・23	4/20・05	5/17・12	6/13・22	7/11・08	8/7・18	9/4・01	10/1・07	10/28・13	11/24・20	12/22・06	
魚　座	1/4・06	1/31・15	2/28・00	3/26・06	4/22・12	5/19・18	6/16・00	7/13・11	8/9・21	9/6・05	10/3・12	10/30・18	11/27・00	12/24・06	

1969

牡羊座		1/22・23	2/19・09	3/18・18	4/15・02	5/12・08	6/8・14	7/5・20	8/2・05	8/29・15	9/26・01	10/23・09	11/19・16	12/16・21	
牡牛座		1/25・07	2/21・16	3/21・01	4/17・10	5/14・16	6/10・22	7/8・04	8/4・11	8/31・20	9/28・05	10/25・13	11/21・19	12/18・23	
双子座		1/27・19	2/24・03	3/23・11	4/19・19	5/17・03	6/13・09	7/10・15	8/6・21	9/3・04	9/30・13	10/27・22	11/24・06	12/21・10	
蟹　座	1/3・01	1/30・08	2/26・15	3/25・23	4/22・07	5/19・15	6/15・21	7/13・03	8/9・09	9/5・16	10/3・00	10/30・08	11/26・16	12/23・23	
獅子座	1/5・13	2/1・19	3/1・03	3/28・12	4/24・20	5/22・03	6/18・10	7/15・16	8/11・22	9/8・05	10/5・12	11/1・21	11/29・04	12/26・12	
乙女座	1/8・00	2/4・06	3/3・13	3/30・22	4/27・07	5/24・15	6/20・22	7/18・04	8/14・10	9/10・16	10/8・00	11/4・09	12/1・17	12/29・00	
天秤座	1/10・10	2/6・16	3/5・23	4/2・09	4/29・19	5/27・02	6/23・08	7/20・14	8/16・20	9/13・02	10/10・10	11/6・19	12/4・04	12/31・13	
蠍　座	1/12・15	2/8・20	3/8・02	4/4・09	5/1・19	5/29・05	6/25・15	7/22・22	8/19・04	9/15・09	10/12・16	11/9・01	12/6・12		
射手座	1/14・17	2/11・00	3/10・06	4/6・12	5/3・20	5/31・07	6/27・17	7/25・02	8/21・09	9/17・15	10/14・21	11/11・06	12/8・17		
山羊座	1/16・18	2/13・02	3/12・08	4/8・14	5/5・22	6/2・10	6/29・21	7/27・06	8/23・13	9/19・18	10/17・00	11/13・08	12/10・20		
水瓶座	1/18・17	2/15・04	3/14・11	4/10・17	5/7・22	6/4・10	7/1・23	7/29・08	8/25・16	9/21・21	10/19・04	11/15・13	12/12・15		
魚　座	1/20・18	2/17・05	3/16・14	4/12・21	5/10・02	6/6・08	7/3・16	7/31・03	8/27・13	9/23・22	10/21・05	11/17・15	12/14・17		

1970

牡羊座		1/13・04	2/9・13	3/9・00	4/5・11	5/2・19	5/30・00	6/26・06	7/23・13	8/19・22	9/16・09	10/13・19	11/10・04	12/7・10
牡牛座		1/15・09	2/11・17	3/11・03	4/7・13	5/4・22	6/1・05	6/28・11	7/25・16	8/22・00	9/18・09	10/15・20	11/12・06	12/9・13
双子座		1/17・18	2/14・01	3/13・09	4/9・17	5/7・03	6/3・11	6/30・17	7/27・23	8/24・05	9/20・13	10/17・23	11/14・09	12/11・18
蟹　座		1/20・05	2/16・11	3/15・18	4/12・03	5/9・11	6/5・19	7/3・02	7/30・08	8/26・14	9/22・21	10/20・05	11/16・14	12/14・00
獅子座		1/22・18	2/19・00	3/18・07	4/14・14	5/11・22	6/8・06	7/5・13	8/1・20	8/29・02	9/25・08	10/22・15	11/19・00	12/16・08
乙女座		1/25・07	2/21・13	3/20・20	4/17・03	5/14・11	6/10・19	7/8・02	8/4・09	8/31・15	9/27・21	10/25・04	11/21・12	12/18・20
天秤座		1/27・19	2/24・01	3/23・07	4/19・15	5/16・23	6/13・07	7/10・15	8/6・22	9/3・03	9/30・10	10/27・17	11/24・01	12/21・09
蠍　座	1/2・21	1/30・05	2/26・10	3/25・16	4/21・23	5/19・08	6/15・17	7/13・02	8/9・09	9/5・15	10/2・21	10/30・03	11/26・13	12/23・20
射手座	1/5・02	2/1・11	2/28・18	3/27・23	4/24・05	5/21・13	6/17・23	7/15・08	8/11・17	9/8・00	10/5・06	11/1・11	11/28・19	12/26・04
山羊座	1/7・03	2/3・13	3/2・22	3/30・04	4/26・09	5/23・16	6/20・01	7/17・11	8/13・21	9/10・06	10/7・12	11/3・18	12/1・00	12/28・09
水瓶座	1/9・02	2/5・13	3/5・00	4/1・07	4/28・13	5/25・18	6/22・02	7/19・12	8/15・23	9/12・09	10/9・16	11/5・22	12/3・04	12/30・11
魚　座	1/11・02	2/7・13	3/7・00	4/3・09	4/30・16	5/27・21	6/24・03	7/21・12	8/17・22	9/14・09	10/11・19	11/8・02	12/5・07	

1971

牡羊座		1/3・15	1/30・23	2/27・09	3/26・20	4/23・06	5/20・14	6/16・20	7/14・02	8/10・08	9/6・18	10/4・05	10/31・15	11/28・00	12/25・06
牡牛座		1/5・19	2/2・01	3/1・09	3/28・19	4/25・06	5/22・16	6/18・23	7/16・04	8/12・10	9/8・18	10/6・04	11/2・15	11/30・01	12/27・09
双子座		1/8・00	2/4・06	3/3・12	3/30・21	4/27・07	5/24・17	6/21・01	7/18・08	8/14・13	9/10・19	10/8・04	11/4・14	12/2・01	12/29・11
蟹　座		1/10・07	2/6・13	3/5・19	4/2・04	4/29・11	5/26・20	6/23・04	7/20・13	8/16・19	9/13・00	10/10・07	11/6・16	12/4・03	12/31・13
獅子座		1/12・16	2/8・23	3/8・05	4/4・11	5/1・19	5/29・03	6/25・12	7/22・20	8/19・03	9/15・09	10/12・15	11/8・01	12/6・07	
乙女座		1/15・04	2/11・11	3/10・17	4/6・23	5/4・06	5/31・14	6/27・22	7/25・06	8/21・13	9/17・19	10/15・01	11/11・08	12/8・16	
天秤座		1/17・17	2/14・00	3/13・06	4/9・12	5/6・19	6/3・02	6/30・10	7/27・18	8/24・01	9/20・08	10/17・14	11/13・20	12/11・03	
蠍　座		1/20・05	2/16・12	3/15・19	4/12・00	5/9・07	6/5・15	7/2・23	7/30・07	8/26・14	9/22・21	10/20・03	11/16・09	12/13・16	
射手座		1/22・14	2/19・23	3/18・05	4/14・11	5/11・17	6/8・00	7/5・09	8/1・17	8/29・02	9/25・09	10/22・15	11/18・21	12/16・04	
山羊座		1/24・20	2/21・06	3/20・14	4/16・20	5/14・01	6/10・08	7/7・14	8/4・02	8/31・11	9/27・19	10/25・01	11/21・07	12/18・13	
水瓶座		1/26・22	2/23・09	3/22・18	4/19・02	5/16・07	6/12・13	7/9・20	8/6・06	9/2・15	9/30・02	10/27・09	11/23・15	12/20・21	
魚　座	1/1・13	1/28・22	2/25・09	3/24・20	4/21・05	5/18・12	6/14・17	7/11・23	8/8・08	9/4・18	10/2・05	10/29・14	11/25・21	12/23・02	

1972

牡羊座		1/21・12	2/17・19	3/16・05	4/12・16	5/10・02	6/6・09	7/3・15	7/30・21	8/27・04	9/23・13	10/20・23	11/17・10	12/14・18
牡牛座		1/23・14	2/19・22	3/18・04	4/14・15	5/12・02	6/8・11	7/5・18	8/2・00	8/29・06	9/25・13	10/23・00	11/19・11	12/16・21
双子座		1/25・17	2/21・23	3/20・05	4/16・14	5/14・01	6/10・11	7/7・20	8/4・03	8/31・09	9/27・14	10/24・23	11/21・10	12/18・21
蟹　座		1/27・21	2/24・03	3/22・08	4/18・16	5/16・01	6/12・12	7/9・22	8/6・05	9/2・11	9/29・17	10/27・00	11/23・10	12/20・21
獅子座	1/2・7	1/30・02	2/26・09	3/24・15	4/20・21	5/18・05	6/14・14	7/12・00	8/8・09	9/4・16	10/1・01	10/29・03	11/25・14	12/22・22
乙女座	1/5・01	2/1・10	2/28・18	3/27・00	4/23・05	5/20・12	6/16・20	7/14・05	8/10・14	9/6・22	10/4・05	10/31・10	11/27・16	12/25・00
天秤座	1/7・12	2/3・20	3/2・04	3/29・11	4/25・17	5/22・23	6/19・06	7/16・14	8/12・22	9/9・07	10/6・13	11/2・19	11/30・02	12/27・08
蠍　座	1/10・00	2/6・08	3/4・16	3/31・23	4/28・05	5/25・11	6/21・18	7/19・01	8/15・09	9/11・17	10/9・00	11/5・07	12/2・13	12/29・19
射手座	1/12・12	2/8・21	3/7・05	4/3・11	4/30・17	5/28・00	6/24・06	7/21・14	8/17・22	9/14・06	10/11・13	11/7・19	12/5・01	
山羊座	1/14・21	2/11・07	3/9・16	4/5・23	5/3・05	5/30・11	6/26・18	7/24・01	8/20・10	9/16・18	10/14・02	11/10・08	12/7・14	
水瓶座	1/17・04	2/13・14	3/12・00	4/8・09	5/5・16	6/1・21	6/29・03	7/26・10	8/22・18	9/19・03	10/16・13	11/12・19	12/10・01	
魚　座	1/19・08	2/15・17	3/14・04	4/10・14	5/7・22	6/4・05	7/1・10	7/28・16	8/25・00	9/21・10	10/18・20	11/15・05	12/12・12	

1973

牡羊座		1/11・00	2/7・05	3/6・13	4/2・22	4/30・08	5/27・17	6/24・01	7/21・07	8/17・15	9/13・19	10/11・03	11/7・13	12/4・23
牡牛座		1/13・04	2/9・10	3/8・16	4/5・00	5/2・10	5/29・20	6/26・06	7/23・13	8/19・18	9/16・00	10/13・08	11/9・17	12/7・04
双子座		1/15・07	2/11・13	3/10・19	4/7・01	5/4・10	5/31・21	6/28・07	7/25・16	8/21・22	9/18・04	10/15・11	11/13・19	12/9・06
蟹　座		1/17・10	2/13・16	3/12・22	4/9・03	5/6・11	6/2・20	6/30・07	7/27・17	8/24・01	9/20・09	10/17・14	11/13・20	12/11・06
獅子座		1/19・09	2/15・18	3/15・01	4/11・07	5/8・13	6/4・21	7/2・07	7/29・18	8/26・03	9/22・10	10/19・15	11/15・21	12/13・06
乙女座		1/21・11	2/17・22	3/17・06	4/13・12	5/10・17	6/7・00	7/4・09	7/31・19	8/28・05	9/24・13	10/21・19	11/20・00	12/15・10
天秤座		1/23・17	2/20・03	3/19・12	4/15・19	5/13・01	6/9・06	7/6・13	8/2・2	8/30・08	9/26・17	10/24・01	11/20・05	12/17・17
蠍　座		1/26・03	2/22・12	3/21・20	4/18・04	5/15・10	6/11・16	7/8・22	8/5・06	9/1・14	9/28・23	10/26・07	11/22・14	12/19・20
射手座	1/1・08	1/28・15	2/24・23	3/24・07	4/20・15	5/17・22	6/14・04	7/11・10	8/7・17	9/4・00	10/1・09	10/28・15	11/25・00	12/22・03
山羊座	1/3・21	1/31・04	2/27・12	3/26・20	4/23・04	5/20・11	6/16・15	7/13・23	8/10・06	9/6・13	10/3・21	10/31・05	11/27・12	12/24・23
水瓶座	1/6・08	2/2・15	3/1・23	3/29・08	4/25・16	5/22・23	6/19・05	7/16・11	8/12・18	9/9・02	10/6・10	11/2・18	11/30・01	12/27・08
魚　座	1/8・17	2/4・23	3/4・08	3/31・17	4/28・02	5/25・10	6/21・16	7/18・22	8/15・04	9/11・12	10/8・20	11/5・05	12/2・14	12/29・20

1974

牡羊座	1/1・07	1/28・13	2/24・18	3/24・01	4/20・09	5/17・18	6/14・03	7/11・10	8/7・16	9/3・22	10/1・04	10/28・12	11/24・21	12/22・06
牡牛座	1/3・14	1/30・21	2/27・02	3/26・08	4/22・16	5/20・01	6/16・11	7/13・19	8/10・02	9/6・08	10/3・14	10/30・21	11/27・06	12/24・16
双子座	1/5・17	2/2・02	3/1・08	3/28・14	4/24・20	5/22・05	6/18・15	7/16・01	8/12・09	9/8・14	10/5・21	11/2・06	11/29・12	12/26・22
蟹　座	1/7・17	2/4・04	3/3・12	3/30・18	4/26・23	5/24・07	6/20・16	7/18・03	8/14・13	9/10・21	10/8・03	11/4・08	12/1・15	12/29・01
獅子座	1/9・17	2/6・04	3/5・14	4/1・21	4/29・02	5/26・08	6/22・17	7/20・03	8/16・13	9/12・22	10/10・06	11/6・12	12/3・17	12/31・02
乙女座	1/11・17	2/8・04	3/7・15	4/3・23	5/1・05	5/28・10	6/24・17	7/22・02	8/18・13	9/14・23	10/12・08	11/8・14	12/5・20	
天秤座	1/13・19	2/10・05	3/9・16	4/6・01	5/3・09	5/30・14	6/26・20	7/24・03	8/20・13	9/16・23	10/14・09	11/10・17	12/7・22	
蠍　座	1/16・02	2/12・10	3/11・20	4/8・05	5/5・14	6/1・20	6/29・02	7/26・08	8/22・16	9/19・01	10/16・11	11/8・20	12/10・03	
射手座	1/18・12	2/14・19	3/14・03	4/10・12	5/7・21	6/4・04	7/1・10	7/28・16	8/24・23	9/21・08	10/18・18	11/15・05	12/12・10	
山羊座	1/21・01	2/17・07	3/16・14	4/12・23	5/10・07	6/6・15	7/3・21	7/31・03	8/27・09	9/23・17	10/21・04	11/17・16	12/15・01	
水瓶座	1/23・14	2/19・20	3/19・01	4/15・09	5/12・20	6/9・03	7/6・10	8/2・15	8/29・21	9/26・05	10/23・17	11/20・05	12/17・15	
魚　座	1/26・02	2/22・08	3/21・16	4/18・00	5/15・08	6/11・16	7/8・22	8/5・04	9/1・11	9/28・17	10/26・01	11/22・09	12/19・17	

1975

牡羊座		1/18・13	2/14・19	3/14・01	4/10・08	5/7・15	6/3・23	7/1・07	7/28・14	8/24・21	9/21・03	10/18・09	11/14・16	12/12・00
牡牛座		1/21・10	2/17・07	3/16・13	4/12・19	5/10・02	6/6・10	7/3・19	7/31・03	8/27・10	9/23・16	10/20・22	11/17・05	12/14・13
双子座		1/23・08	2/19・17	3/18・23	4/15・04	5/12・11	6/8・19	7/6・04	8/2・13	8/29・21	9/26・03	10/23・09	11/19・15	12/16・23
蟹　座		1/25・12	2/21・22	3/21・06	4/17・11	5/14・17	6/11・00	7/8・09	8/4・19	9/1・05	9/28・12	10/25・18	11/22・00	12/19・07
獅子座		1/27・13	2/24・00	3/23・10	4/19・16	5/16・22	6/13・04	7/10・12	8/6・22	9/3・08	9/30・17	10/28・00	11/24・06	12/21・12
乙女座	1/2・03	1/29・12	2/26・00	3/25・10	4/21・19	5/19・01	6/15・06	7/12・13	8/8・22	9/5・08	10/2・19	10/30・04	11/26・10	12/23・15
天秤座	1/4・04	1/31・12	2/27・23	3/27・10	4/23・20	5/21・03	6/17・09	7/14・14	8/10・22	9/7・08	10/4・19	11/1・05	11/28・13	12/25・18
蠍　座	1/6・09	2/2・15	3/2・04	4/25・21	5/23・05	6/19・12	7/16・17	8/13・00	9/9・08	10/6・18	11/3・05	11/30・05	12/27・21
射手座	1/8・16	2/4・21	3/4・04	3/31・13	4/27・23	5/25・09	6/21・17	7/18・23	8/15・04	9/11・11	10/8・20	11/5・06	12/2・17	12/30・01
山羊座	1/11・01	2/7・07	3/6・13	4/2・20	4/30・05	5/27・15	6/23・22	7/21・06	8/17・11	9/13・17	10/11・01	11/7・10	12/4・20
水瓶座	1/13・12	2/9・18	3/9・00	4/5・07	5/2・15	5/29・23	6/26・08	7/23・15	8/19・21	9/16・03	10/13・09	11/9・17	12/7・05
魚　座	1/16・00	2/12・07	3/11・13	4/7・19	5/5・03	6/1・11	6/28・19	7/26・02	8/22・09	9/18・15	10/15・21	11/12・04	12/9・12

1976

牡羊座		1/8・08	2/4・16	3/2・23	3/30・06	4/26・12	5/23・18	6/20・02	7/17・10	8/13・18	9/10・01	10/7・06	11/3・14	11/30・20	12/28・04
牡牛座		1/10・21	2/7・05	3/5・12	4/1・19	4/29・01	5/26・07	6/22・14	7/19・22	8/16・06	9/12・14	10/9・20	11/6・02	12/3・09	12/30・16
双子座		1/13・08	2/9・17	3/8・01	4/4・07	5/1・13	5/28・19	6/25・03	7/22・11	8/18・19	9/15・03	10/12・09	11/8・15	12/5・22
蟹　座		1/15・16	2/12・02	3/10・11	4/6・18	5/4・00	5/31・06	6/27・13	7/24・21	8/21・06	9/17・14	10/14・21	11/11・03	12/8・09
獅子座		1/17・20	2/14・07	3/12・17	4/9・02	5/6・08	6/2・14	6/29・20	7/27・03	8/23・13	9/19・22	10/17・05	11/13・14	12/10・09
乙女座		1/19・22	2/16・08	3/14・19	4/11・05	5/8・13	6/4・19	7/2・01	7/29・07	8/25・16	9/22・02	10/19・12	11/15・21	12/13・03
天秤座		1/22・00	2/18・08	3/16・19	4/13・06	5/10・16	6/6・23	7/4・05	7/31・10	8/27・18	9/24・03	10/21・14	11/18・01	12/15・11
蠍　座		1/24・03	2/20・09	3/18・18	4/15・05	5/12・16	6/9・01	7/6・08	8/2・13	8/29・19	9/26・04	10/23・14	11/20・02	12/17・11
射手座		1/26・07	2/22・12	3/20・19	4/17・05	5/14・16	6/11・02	7/8・10	8/4・16	8/31・22	9/28・09	10/25・21	11/22・12	12/19・12
山羊座	1/1・05	1/28・12	2/24・18	3/23・00	4/19・08	5/16・18	6/13・04	7/10・13	8/6・20	9/3・02	9/30・07	10/27・15	11/24・01	12/21・14
水瓶座	1/3・12	1/30・20	2/27・02	3/25・07	4/21・14	5/18・22	6/15・08	7/12・17	8/9・01	9/5・07	10/2・13	10/29・19	11/26・02	12/23・14
魚　座	1/5・21	2/2・05	2/29・12	3/27・18	4/23・23	5/21・06	6/17・15	7/15・00	8/11・08	9/7・15	10/4・21	11/1・03	11/28・10	12/25・15

1977

牡羊座		1/24・12	2/20・21	3/20・05	4/16・12	5/13・18	6/10・00	7/7・07	8/3・16	8/31・01	9/27・10	10/24・19	11/20・22	12/18・04
牡牛座		1/27・00	2/23・08	3/22・15	4/18・23	5/16・05	6/12・11	7/9・18	8/6・01	9/2・10	9/29・18	10/27・02	11/23・08	12/20・14
双子座	1/2・05	1/29・13	2/25・21	3/25・05	4/21・12	5/18・18	6/15・00	7/12・06	8/8・14	9/4・21	10/2・06	10/29・13	11/25・20	12/23・02
蟹　座	1/4・16	2/1・00	2/28・09	3/27・17	4/24・00	5/21・07	6/17・13	7/14・19	8/11・02	9/7・10	10/4・18	11/1・02	11/28・08	12/25・15
獅子座	1/7・01	2/3・09	3/2・18	3/30・02	4/26・10	5/23・18	6/20・00	7/17・06	8/13・13	9/9・21	10/7・06	11/3・14	11/30・21	12/28・02
乙女座	1/9・08	2/5・15	3/5・00	4/1・10	4/28・20	5/26・04	6/22・09	7/19・15	8/15・21	9/12・06	10/9・15	11/6・00	12/3・08	12/30・14
天秤座	1/11・14	2/7・20	3/7・04	4/3・14	5/1・00	5/28・09	6/24・17	7/21・22	8/18・04	9/14・11	10/11・20	11/8・07	12/5・16
蠍　座	1/13・18	2/9・23	3/9・06	4/5・15	5/3・01	5/30・12	6/26・21	7/24・03	8/20・09	9/16・15	10/13・23	11/10・10	12/7・21
射手座	1/15・21	2/12・02	3/11・08	4/7・15	5/5・05	6/1・12	6/28・22	7/26・06	8/22・12	9/18・17	10/16・00	11/12・10	12/9・21
山羊座	1/17・22	2/14・05	3/13・11	4/9・17	5/7・01	6/3・11	6/30・22	7/28・07	8/24・15	9/20・20	10/18・02	11/14・10	12/11・20
水瓶座	1/20・00	2/16・09	3/15・15	4/11・20	5/9・03	6/5・12	7/2・22	7/30・08	8/26・20	9/22・23	10/20・05	11/16・11	12/13・20
魚　座	1/22・05	2/18・14	3/17・21	4/14・03	5/11・09	6/7・16	7/5・01	8/1・10	8/28・20	9/25・04	10/22・09	11/18・15	12/15・22

1978

牡羊座		1/14・12	2/10・22	3/10・08	4/6・17	5/3・23	5/31・05	6/27・11	7/24・19	8/21・05	9/17・15	10/15・00	11/11・07	12/8・13
牡牛座		1/16・21	2/13・05	3/12・14	4/8・23	5/6・07	6/2・13	6/29・18	7/27・01	8/23・09	9/19・19	10/17・04	11/13・14	12/10・19
双子座		1/19・08	2/15・15	3/15・00	4/11・09	5/8・16	6/4・23	7/2・05	7/29・11	8/25・18	9/22・02	10/19・11	11/15・20	12/13・03
蟹　座		1/21・21	2/18・04	3/17・12	4/13・20	5/11・04	6/7・11	7/4・17	7/31・22	8/28・05	9/24・13	10/21・21	11/18・05	12/15・12
獅子座		1/24・09	2/20・16	3/20・00	4/16・09	5/13・16	6/9・23	7/7・05	8/3・11	8/30・18	9/27・01	10/24・09	11/20・17	12/18・01
乙女座		1/26・20	2/23・03	3/22・11	4/18・20	5/16・04	6/12・12	7/9・18	8/6・00	9/2・06	9/29・13	10/26・21	11/23・06	12/20・14
天秤座	1/2・00	1/29・05	2/25・11	3/24・19	4/21・04	5/18・13	6/14・22	7/12・05	8/8・11	9/4・16	10/1・23	10/29・08	11/25・17	12/23・01
蠍　座	1/4・06	1/31・12	2/27・17	3/27・00	4/23・09	5/20・19	6/17・04	7/14・13	8/10・19	9/7・01	10/4・07	10/31・15	11/28・01	12/25・11
射手座	1/6・12	2/2・16	3/1・22	3/29・04	4/25・11	5/22・21	6/19・07	7/16・17	8/13・01	9/9・07	10/6・12	11/2・19	11/30・04	12/27・15
山羊座	1/8・08	2/4・18	3/4・01	3/31・06	4/27・12	5/24・21	6/21・07	7/18・18	8/15・03	9/11・10	10/8・16	11/4・22	12/2・06	12/29・16
水瓶座	1/10・07	2/6・18	3/6・03	4/2・09	4/29・15	5/26・23	6/23・06	7/20・17	8/17・03	9/13・12	10/10・19	11/7・00	12/4・07	12/31・16
魚　座	1/12・08	2/8・19	3/8・05	4/4・12	5/1・18	5/29・00	6/25・07	7/22・17	8/19・03	9/15・13	10/12・21	11/9・03	12/6・09

1979

牡羊座		1/4・19	2/1・03	2/28・14	3/28・01	4/24・10	5/21・17	6/17・22	7/15・04	8/11・12	9/7・23	10/5・09	11/1・19	11/29・02	12/26・08
牡牛座		1/7・00	2/3・07	3/3・02	3/30・03	4/26・12	5/23・20	6/20・02	7/17・08	8/13・14	9/9・23	10/7・10	11/3・20	12/1・05	12/28・11
双子座		1/9・09	2/5・12	3/4・22	4/1・07	4/28・17	5/26・02	6/22・09	7/19・14	8/15・20	9/12・03	10/9・14	11/5・22	12/1・05	12/30・16
蟹　座		1/11・19	2/8・01	3/7・08	4/3・15	5/1・00	5/28・09	6/24・16	7/21・23	8/18・04	9/14・10	10/11・18	11/8・03	12/5・13
獅子座		1/14・07	2/10・13	3/9・20	4/6・03	5/3・11	5/30・19	6/27・03	7/24・10	8/20・16	9/16・21	10/14・04	11/10・12	12/7・22
乙女座		1/16・20	2/13・02	3/12・09	4/8・16	5/6・00	6/2・08	6/29・15	7/26・22	8/23・04	9/19・10	10/16・19	11/13・02	12/10・09
天秤座		1/19・09	2/15・15	3/14・21	4/11・04	5/8・12	6/4・20	7/2・04	7/29・11	8/25・17	9/21・23	10/19・06	11/15・15	12/12・23
蠍　座		1/21・19	2/18・01	3/17・07	4/13・13	5/10・21	6/7・06	7/4・15	7/31・23	8/28・05	9/24・10	10/21・18	11/18・03	12/15・14
射手座		1/24・01	2/20・09	3/19・15	4/15・20	5/13・03	6/9・12	7/6・22	8/3・07	8/30・13	9/26・19	10/24・03	11/20・14	12/18・07
山羊座		1/26・03	2/22・13	3/21・20	4/18・01	5/15・07	6/11・15	7/9・01	8/5・11	9/1・20	9/29・04	10/26・15	11/22・06	12/19・22
水瓶座		1/28・03	2/24・14	3/23・23	4/20・05	5/17・12	6/13・20	7/11・06	8/7・18	9/3・23	10/1・06	10/28・20	11/24・20	12/22・02
魚　座	1/2・16	1/30・02	2/26・14	3/26・00	4/22・08	5/19・13	6/15・20	7/13・02	8/9・12	9/5・23	10/3・09	10/30・17	11/26・23	12/24・05

1980

牡羊座		1/22・14	2/18・23	3/17・10	4/13・21	5/11・06	6/7・12	7/4・18	8/1・00	8/28・08	9/24・19	10/22・06	11/18・15	15/15・22
牡牛座		1/24・17	2/21・00	3/19・09	4/15・20	5/13・06	6/9・15	7/6・21	8/3・02	8/30・09	9/26・16	10/24・05	11/20・16	12/18・01
双子座		1/26・21	2/23・03	3/21・11	4/17・21	5/15・07	6/11・16	7/9・00	8/5・05	9/1・11	9/28・18	10/26・04	11/22・15	12/20・02
蟹　座	1/1・22	1/29・04	2/25・10	3/23・16	4/20・00	5/17・10	6/13・20	7/11・04	8/7・10	9/3・16	9/30・22	10/28・06	11/24・16	12/22・04
獅子座	1/4・06	1/31・13	2/27・19	3/26・01	4/22・08	5/19・16	6/16・01	7/13・10	8/9・17	9/5・23	10/3・05	10/30・12	11/26・20	12/24・07
乙女座	1/6・17	2/3・00	3/1・07	3/28・13	4/24・19	5/22・03	6/18・11	7/15・19	8/12・03	9/8・10	10/5・15	11/1・21	11/29・05	12/26・14
天秤座	1/9・06	2/5・13	3/3・20	3/31・02	4/27・08	5/24・15	6/20・23	7/18・07	8/14・15	9/10・21	10/8・04	11/4・10	12/1・16	12/29・00
蠍　座	1/11・18	2/8・01	3/6・08	4/2・14	4/29・21	5/27・04	6/23・11	7/20・20	8/17・03	9/13・10	10/10・16	11/6・22	12/4・07	12/31・13
射手座	1/14・03	2/10・12	3/8・20	4/5・02	5/2・07	5/29・14	6/25・22	7/23・07	8/19・15	9/15・22	10/13・05	11/9・10	12/6・17	
山羊座	1/16・09	2/12・19	3/11・04	4/7・11	5/4・16	5/31・22	6/28・06	7/25・15	8/22・00	9/18・09	10/15・16	11/11・21	12/9・03	
水瓶座	1/18・12	2/14・22	3/13・09	4/9・17	5/6・23	6/3・05	6/30・11	7/27・20	8/24・06	9/20・15	10/18・00	11/14・06	12/11・12	
魚　座	1/20・13	2/16・23	3/15・10	4/11・20	5/9・04	6/5・09	7/2・15	7/29・22	8/26・08	9/22・18	10/20・05	11/16・12	12/13・18	

1981

牡羊座		1/12・04	2/8・10	3/7・19	4/4・05	5/1・15	5/29・01	6/25・17	7/22・13	8/18・19	9/15・03	10/12・13	11/9・00	12/6・09
牡牛座		1/14・07	2/10・12	3/9・19	4/6・05	5/3・16	5/31・02	6/27・10	7/24・17	8/20・22	9/17・05	10/14・14	11/11・01	12/8・12
双子座		1/16・09	2/12・15	3/11・21	4/8・05	5/5・15	6/2・02	6/29・11	7/26・19	8/23・00	9/19・06	10/16・14	11/13・00	12/10・12
蟹　座		1/18・12	2/14・19	3/14・00	4/10・07	5/7・15	6/4・02	7/1・12	7/28・21	8/25・03	9/21・09	10/18・15	11/15・00	12/12・11
獅子座		1/20・16	2/17・00	3/16・06	4/12・12	5/9・19	6/6・04	7/3・14	7/30・23	8/27・07	9/23・13	10/20・19	11/17・02	12/14・12
乙女座		1/22・23	2/19・08	3/18・14	4/14・20	5/12・02	6/8・09	7/5・06	8/2・04	8/29・13	9/25・20	10/23・01	11/19・07	12/16・15
天秤座		1/25・09	2/21・21	3/21・01	4/17・07	5/14・12	6/10・19	7/8・03	8/4・11	8/31・20	9/28・04	10/25・10	11/21・14	12/18・22
蠍　座		1/27・21	2/24・05	3/23・12	4/19・19	5/17・01	6/13・07	7/10・14	8/6・22	9/3・06	9/30・14	10/27・21	11/24・03	12/21・09
射手座	1/3・01	1/30・09	2/26・18	3/26・01	4/22・07	5/19・13	6/15・20	7/13・03	8/9・10	9/5・18	10/3・02	10/30・09	11/26・15	12/23・21
山羊座	1/5・11	2/1・20	3/1・05	3/28・13	4/24・20	5/22・01	6/18・07	7/15・14	8/11・22	9/8・07	10/5・15	11/1・22	11/29・04	12/26・10
水瓶座	1/7・16	2/4・03	3/3・13	3/30・22	4/27・06	5/24・12	6/20・18	7/18・00	8/14・06	9/10・17	10/8・02	11/4・10	12/1・16	12/28・22
魚　座	1/10・00	2/6・07	3/5・17	4/2・04	4/29・13	5/26・20	6/23・02	7/20・07	8/16・15	9/13・00	10/10・10	11/6・19	12/4・02	12/31・08

1982

牡羊座	1/2・16	1/29・21	2/26・03	3/25・12	4/21・21	5/19・07	6/15・15	7/12・22	8/9・03	9/5・09	10/2・17	10/30・02	11/26・12	12/23・21
牡牛座	1/4・20	2/1・02	2/28・08	3/27・15	4/24・00	5/21・10	6/17・20	7/15・04	8/11・10	9/7・15	10/4・22	11/1・07	11/28・18	12/26・04
双子座	1/6・22	2/3・05	3/2・11	3/29・17	4/26・01	5/23・11	6/19・22	7/17・07	8/13・14	9/9・20	10/7・02	11/3・09	11/30・20	12/28・10
蟹　座	1/8・22	2/5・07	3/4・14	3/31・19	4/28・02	5/25・11	6/21・21	7/19・08	8/15・17	9/11・23	10/9・05	11/5・11	12/2・20	12/30・07
獅子座	1/10・22	2/7・09	3/6・17	4/2・23	4/30・04	5/27・11	6/23・21	7/21・08	8/17・20	9/14・02	10/11・08	11/7・13	12/4・20	
乙女座	1/13・01	2/9・11	3/8・20	4/5・03	5/2・09	5/29・15	6/25・23	7/23・08	8/19・19	9/16・04	10/13・11	11/9・17	12/6・23	
天秤座	1/15・06	2/11・16	3/11・02	4/7・09	5/4・16	5/31・21	6/28・04	7/25・12	8/21・21	9/18・07	10/15・15	11/11・22	12/9・03	
蠍　座	1/17・16	2/14・00	3/13・09	4/9・18	5/7・00	6/3・06	6/30・12	7/27・19	8/24・03	9/20・13	10/17・21	11/14・05	12/11・11	
射手座	1/20・04	2/16・12	3/15・20	4/12・04	5/9・11	6/5・18	7/2・23	7/30・06	8/26・13	9/22・22	10/20・07	11/16・14	12/13・20	
山羊座	1/22・17	2/19・01	3/17・09	4/14・17	5/12・00	6/8・06	7/5・12	8/1・19	8/29・02	9/25・10	10/22・18	11/19・01	12/16・08	
水瓶座	1/25・05	2/21・15	3/20・21	4/17・06	5/14・13	6/10・20	7/8・01	8/4・08	8/31・15	9/27・23	10/25・07	11/21・15	12/18・20	
魚　座	1/27・14	2/23・22	3/23・7	4/19・16	5/17・06	6/13・07	7/10・13	8/6・20	9/3・02	9/30・10	10/27・19	11/24・03	12/21・10	

1983

牡羊座		1/20・03	2/15・09	3/15・15	4/11・23	5/9・07	6/5・16	7/3・00	7/30・06	8/26・12	9/22・18	10/20・01	11/16・10	12/13・18
牡牛座		1/22・12	2/18・18	3/17・23	4/13・06	5/11・15	6/8・00	7/5・09	8/1・17	8/28・23	9/25・04	10/22・11	11/18・19	12/16・05
双子座		1/24・17	2/21・00	3/20・05	4/16・11	5/13・19	6/10・05	7/7・15	8/4・00	8/31・07	9/27・12	10/24・18	11/21・03	12/18・11
蟹　座		1/26・18	2/23・04	3/22・10	4/18・15	5/15・22	6/12・07	7/9・17	8/6・03	9/2・12	9/29・18	10/27・00	11/23・06	12/20・15
獅子座	1/1・07	1/28・18	2/25・05	3/24・13	4/20・18	5/18・00	6/14・07	7/11・17	8/8・04	9/4・14	10/1・22	10/29・04	11/25・09	12/22・17
乙女座	1/3・07	1/30・16	2/27・05	3/26・14	4/22・21	5/20・03	6/16・09	7/13・17	8/10・03	9/6・14	10/3・23	10/31・07	11/27・12	12/23・21
天秤座	1/5・10	2/1・19	3/1・06	3/28・16	4/25・00	5/22・05	6/18・12	7/15・18	8/12・03	9/8・13	10/6・00	11/2・09	11/29・15	12/26・00
蠍　座	1/7・16	2/4・00	3/3・09	3/30・19	4/27・04	5/24・11	6/20・17	7/17・23	8/14・06	9/10・15	10/8・01	11/4・11	12/1・19	12/28・07
射手座	1/10・02	2/6・08	3/5・16	4/2・01	4/29・10	5/26・18	6/23・01	7/20・07	8/16・13	9/12・20	10/10・06	11/6・18	12/4・05	12/30・07
山羊座	1/12・14	2/8・21	3/8・04	4/4・12	5/1・20	5/29・04	6/25・11	7/22・17	8/18・23	9/15・06	10/12・14	11/8・23	12/6・07	
水瓶座	1/15・03	2/11・10	3/10・17	4/7・00	5/4・08	5/31・16	6/27・22	7/25・05	8/21・11	9/17・18	10/15・01	11/11・09	12/8・18	
魚　座	1/17・16	2/13・22	3/13・05	4/9・13	5/6・21	6/3・05	6/30・12	7/27・18	8/24・00	9/20・07	10/17・14	11/13・22	12/11・06	

1984

牡羊座		1/10・02	2/6・09	3/4・15	3/31・21	4/28・04	5/25・12	6/21・20	7/19・03	8/15・10	9/11・17	10/8・23	11/5・05	12/2・13	12/29・21
牡牛座		1/12・14	2/8・21	3/7・03	4/3・09	4/30・16	5/27・23	6/24・08	7/21・16	8/17・23	9/14・06	10/11・11	11/7・18	12/5・01	
双子座		1/14・22	2/11・07	3/9・13	4/5・19	5/3・01	5/30・08	6/26・17	7/24・02	8/20・11	9/17・17	10/14・21	11/11・03	12/8・11	
蟹　座		1/17・02	2/13・12	3/11・21	4/8・03	5/5・08	6/1・15	6/28・23	7/26・09	8/22・18	9/19・03	10/16・09	11/12・15	12/9・21	
獅子座		1/19・13	2/15・14	3/14・00	4/10・08	5/7・14	6/3・19	7/1・03	7/28・12	8/24・22	9/21・08	10/18・16	11/14・22	12/12・03	
乙女座		1/21・03	2/17・14	3/16・01	4/12・10	5/9・17	6/5・23	7/3・04	7/30・12	8/26・23	9/23・09	10/20・19	11/17・02	12/14・08	
天秤座		1/23・03	2/19・13	3/17・24	4/14・10	5/11・19	6/8・01	7/5・06	8/1・13	8/28・22	9/25・09	10/22・19	11/19・03	12/16・11	
蠍　座		1/25・06	2/21・14	3/20・01	4/16・10	5/13・20	6/10・04	7/7・09	8/3・15	8/30・22	9/27・09	10/24・19	11/21・06	12/18・15	
射手座		1/27・12	2/23・19	3/22・07	4/18・15	5/15・23	6/12・07	7/9・14	8/5・20	9/2・01	9/29・11	10/26・23	11/23・12	12/20・22	
山羊座	1/2・15	1/29・21	2/26・04	3/24・13	4/20・22	5/18・06	6/14・13	7/11・20	8/8・02	9/4・10	10/1・28	10/28・23	11/26・22	12/22・19	
水瓶座	1/5・02	2/1・08	2/28・14	3/26・23	4/23・07	5/20・15	6/16・21	7/14・03	8/10・12	9/6・21	10/3・23	10/31・08	11/27・15	12/25・01	
魚　座	1/7・14	2/3・20	3/2・02	3/29・09	4/25・15	5/22・23	6/19・07	7/16・15	8/12・22	9/9・04	10/6・10	11/2・15	11/30・01	12/27・09	

1985

牡羊座		1/26・05	2/22・13	3/21・19	4/18・01	5/15・07	6/11・14	7/8・22	8/5・07	9/1・15	9/28・22	10/26・04	11/22・19	12/19・17
牡牛座	1/1・10	1/28・18	2/25・01	3/24・08	4/20・14	5/17・20	6/14・03	7/11・11	8/7・19	9/4・02	10/1・14	10/29・19	11/24・22	12/22・05
双子座	1/3・21	1/31・06	2/27・14	3/26・21	4/23・03	5/20・09	6/16・15	7/14・00	8/10・08	9/6・15	10/3・23	10/31・05	11/27・13	12/25・19
蟹　座	1/6・05	2/2・04	3/2・02	3/29・08	4/25・14	5/22・20	6/19・02	7/16・10	8/12・18	9/9・11	10/6・11	11/2・18	11/29・23	12/27・09
獅子座	1/8・10	2/4・20	3/4・06	3/31・11	4/27・17	5/25・05	6/21・18	7/18・21	8/15・02	9/11・11	10/8・21	11/5・04	12/2・10	12/29・17
乙女座	1/10・13	2/6・22	3/6・09	4/2・19	4/30・04	5/27・11	6/23・27	7/20・22	8/17・06	9/13・16	10/11・02	11/7・11	12/4・18	12/31・23
天秤座	1/12・16	2/8・23	3/8・09	4/4・20	5/2・06	5/29・15	6/25・21	7/23・02	8/19・09	9/15・18	10/13・04	11/9・15	12/7・00	
蠍　座	1/14・09	2/11・01	3/10・00	4/6・19	5/4・06	5/31・16	6/28・00	7/25・05	8/21・11	9/17・18	10/15・04	11/11・16	12/9・02	
射手座	1/16・23	2/13・04	3/12・10	4/8・19	5/6・06	6/2・17	6/30・02	7/27・08	8/23・14	9/19・20	10/17・04	11/13・15	12/11・02	
山羊座	1/19・30	2/15・09	3/14・15	4/10・22	5/8・07	6/4・18	7/2・03	7/29・11	8/25・17	9/21・23	10/19・06	11/15・15	12/13・02	
水瓶座	1/21・10	2/17・17	3/16・22	4/13・04	5/10・12	6/6・21	7/4・07	7/31・15	8/27・20	9/24・04	10/21・07	11/17・17	12/15・03	
魚　座	1/23・18	2/20・02	3/19・08	4/15・14	5/12・20	6/9・04	7/6・13	8/2・22	8/30・05	9/26・12	10/23・17	11/20・00	12/17・08	

1986

牡羊座		1/16・01	2/12・10	3/11・19	4/8・02	5/5・08	6/1・14	6/28・21	7/26・05	8/22・14	9/19・00	10/16・07	11/12・13	12/9・19
牡牛座		1/18・12	2/14・21	3/14・05	4/10・13	5/7・19	6/4・01	7/1・07	7/28・14	8/24・23	9/21・07	10/18・16	11/14・22	12/12・04
双子座		1/21・01	2/17・09	3/16・17	4/13・01	5/10・07	6/6・13	7/3・20	7/31・02	8/27・10	9/23・18	10/21・02	11/17・09	12/14・16
蟹　座		1/23・13	2/19・22	3/19・06	4/15・14	5/12・20	6/9・02	7/6・08	8/2・15	8/29・23	9/26・07	10/23・15	11/19・22	12/17・04
獅子座		1/25・23	2/22・07	3/21・17	4/18・01	5/15・08	6/11・14	7/8・20	8/5・02	9/1・10	9/28・19	10/26・03	11/22・09	12/19・15
乙女座		1/28・06	2/24・14	3/24・00	4/20・09	5/17・18	6/14・00	7/11・06	8/7・12	9/3・19	10/1・04	10/28・12	11/24・22	12/22・04
天秤座	1/3・06	1/30・11	2/26・18	3/26・03	4/22・14	5/20・00	6/16・08	7/13・14	8/9・19	9/6・02	10/3・10	10/30・20	11/27・08	12/24・19
蠍　座	1/5・10	2/1・15	2/28・21	3/28・05	4/24・15	5/22・02	6/18・12	7/15・19	8/12・01	9/8・06	10/5・14	11/1・23	11/29・10	12/26・20
射手座	1/7・11	2/3・13	3/3・00	3/30・08	4/26・19	5/24・02	6/20・13	7/17・22	8/14・04	9/10・10	10/7・16	11/4・00	12/1・11	12/28・22
山羊座	1/9・13	2/5・21	3/5・03	4/1・08	4/28・16	5/26・01	6/22・12	7/19・22	8/16・06	9/12・12	10/9・18	11/6・01	12/3・02	12/30・12
水瓶座	1/11・14	2/8・00	3/7・07	4/3・12	4/30・18	5/28・02	6/24・12	7/21・22	8/18・08	9/14・15	10/11・21	11/8・02	12/5・10	
魚　座	1/13・18	2/10・04	3/9・12	4/5・18	5/2・23	5/30・06	6/26・14	7/24・00	8/20・10	9/16・18	10/14・01	11/10・06	12/7・13	

1987

牡羊座	1/6・02	2/2・11	3/1・22	3/29・07	4/25・15	5/22・20	6/19・02	7/16・09	8/12・18	9/9・05	10/6・15	11/2・23	11/30・05	12/27・10
牡牛座	1/8・10	2/4・18	3/4・03	3/31・13	4/27・21	5/25・04	6/21・09	7/18・15	8/14・23	9/11・09	10/8・18	11/5・03	12/2・10	12/29・16
双子座	1/10・22	2/7・04	3/6・12	4/2・21	4/30・06	5/27・13	6/23・19	7/21・00	8/17・09	9/13・19	10/11・05	11/7・09	12/4・17	12/31・23
蟹　座	1/13・10	2/9・17	3/9・00	4/5・09	5/2・17	5/30・00	6/26・06	7/23・12	8/19・18	9/16・01	10/13・10	11/9・18	12/7・02	
獅子座	1/15・23	2/12・05	3/11・13	4/7・17	5/5・05	6/1・12	6/28・19	7/26・01	8/22・07	9/18・14	10/15・22	11/12・06	12/9・14	
乙女座	1/18・10	2/14・16	3/14・00	4/10・08	5/7・17	6/4・01	7/1・08	7/28・13	8/24・19	9/21・02	10/18・09	11/14・18	12/12・02	
天秤座	1/20・20	2/17・06	3/16・09	4/12・17	5/10・00	6/6・07	7/3・12	7/31・01	8/27・03	9/23・09	10/20・21	11/19・14	12/17・00	
蠍　座	1/23・03	2/19・09	3/18・15	4/14・23	5/12・08	6/8・18	7/6・03	8/2・12	8/29・16	9/25・23	10/23・05	11/19・14	12/17・00	
射手座	1/25・08	2/21・14	3/20・20	4/17・02	5/14・11	6/10・21	7/8・07	8/4・16	8/31・22	9/28・04	10/25・11	11/21・19	12/19・05	
山羊座	1/27・09	2/23・17	3/22・23	4/19・04	5/16・12	6/12・21	7/10・08	8/6・18	9/3・02	9/30・08	10/27・14	11/23・22	12/23・06	
水瓶座	1/1・21	2/25・13	3/25・01	4/21・07	5/18・15	6/14・21	7/12・07	8/8・18	9/5・03	10/2・11	10/29・18	11/26・01	12/23・07	
魚　座	1/3・22	1/31・08	2/27・19	3/27・04	4/23・10	5/20・15	6/16・22	7/14・07	8/10・17	9/7・04	10/4・13	10/31・19	11/28・01	12/25・07

1988

牡羊座		1/23・18	2/20・04	3/18・15	4/15・01	5/12・08	6/8・14	7/5・20	8/2・01	8/29・12	9/25・23	10/23・10	11/19・18	12/17・00
牡牛座		1/25・22	2/22・06	3/20・16	4/17・03	5/14・11	6/10・18	7/7・23	8/4・05	8/31・13	9/27・20	10/25・10	11/21・20	12/19・02
双子座		1/28・06	2/24・22	3/22・20	4/19・06	5/16・16	6/12・23	7/10・05	8/6・11	9/2・17	9/30・00	10/28・10	11/23・22	12/21・05
蟹　座	1/3・09	1/30・15	2/26・21	3/25・04	4/21・13	5/18・22	6/15・06	7/12・13	8/8・19	9/5・00	10/2・08	10/29・16	11/26・02	12/23・12
獅子座	1/5・21	2/2・03	2/29・09	3/27・14	4/24・00	5/21・08	6/17・14	7/14・20	8/11・05	9/7・11	10/4・19	11/1・01	11/28・10	12/25・19
乙女座	1/8・10	2/4・20	3/2・22	3/30・01	4/26・12	5/23・20	6/20・04	7/17・11	8/13・18	9/10・00	10/7・06	11/3・13	12/1・00	12/28・06
天秤座	1/10・22	2/7・05	3/5・11	4/1・17	4/29・01	5/26・09	6/22・17	7/20・00	8/16・07	9/12・13	10/9・19	11/6・02	12/3・10	12/30・19
蠍　座	1/13・09	2/9・16	3/7・21	4/4・03	5/1・11	5/28・19	6/25・04	7/22・12	8/18・19	9/15・01	10/12・07	11/8・14	12/5・22	
射手座	1/15・15	2/12・00	3/10・00	4/6・08	5/3・17	5/31・02	6/27・11	7/24・21	8/21・05	9/17・11	10/14・16	11/10・22	12/8・06	
山羊座	1/17・17	2/14・04	3/12・12	4/8・17	5/5・23	6/2・06	6/29・15	7/27・01	8/23・11	9/19・19	10/17・01	11/13・06	12/10・13	
水瓶座	1/19・17	2/16・04	3/14・14	4/10・21	5/8・03	6/4・09	7/1・16	7/29・02	8/25・11	9/21・23	10/19・06	11/15・12	12/12・17	
魚　座	1/21・16	2/18・04	3/16・15	4/12・23	5/10・06	6/6・11	7/3・18	7/31・02	8/27・13	9/24・00	10/21・09	11/17・16	12/14・21	

1989

牡羊座		1/13・06	2/9・13	3/9・00	4/5・11	5/2・15	5/29・20	6/26・03	7/23・16	8/19・23	9/16・09	10/13・20	11/10・06	12/7・14
牡牛座		1/15・09	2/11・15	3/10・23	4/7・10	5/4・21	6/1・06	6/28・13	7/25・18	8/22・00	9/18・08	10/15・19	11/12・06	12/9・16
双子座		1/17・23	2/13・18	3/13・01	4/9・11	5/6・21	6/3・07	6/30・15	7/27・21	8/24・03	9/20・09	10/17・18	11/14・05	12/11・15
蟹　座		1/19・19	2/16・01	3/15・06	4/11・14	5/8・23	6/5・09	7/2・18	7/30・02	8/26・07	9/22・13	10/19・20	11/16・04	12/13・16
獅子座		1/22・05	2/18・10	3/17・15	4/13・22	5/11・05	6/7・14	7/5・00	8/1・08	8/28・14	9/24・20	10/22・02	11/18・11	12/15・20
乙女座		1/24・14	2/20・21	3/20・03	4/16・09	5/13・15	6/9・23	7/7・08	8/3・16	8/30・23	9/27・06	10/24・11	11/20・18	12/18・02
天秤座		1/27・02	2/23・09	3/22・12	4/18・22	5/16・01	6/12・10	7/9・19	8/6・02	9/2・10	9/29・16	10/26・23	11/23・06	12/20・15
蠍　座	1/2・07	1/29・15	2/25・22	3/25・04	4/21・10	5/18・17	6/15・00	7/12・08	8/8・16	9/4・23	10/2・06	10/29・12	11/25・18	12/23・01
射手座	1/4・16	2/1・01	2/28・09	3/27・16	4/23・23	5/21・00	6/17・11	7/14・20	8/11・04	9/7・12	10/4・18	11/1・00	11/28・06	12/25・11
山羊座	1/6・22	2/3・07	3/2・14	3/29・20	4/26・03	5/23・11	6/19・22	7/17・07	8/13・15	9/9・22	10/7・05	11/3・10	11/30・15	12/27・21
水瓶座	1/9・02	2/5・12	3/4・23	4/1・08	4/28・15	5/25・22	6/22・09	7/19・20	8/15・09	9/12・05	10/9・15	11/5・20	12/3・02	12/30・10
魚　座	1/11・04	2/7・00	3/7・00	4/3・11	4/30・19	5/28・01	6/24・07	7/21・13	8/17・22	9/14・08	10/11・19	11/8・03	12/5・10	

1990

牡羊座		1/3・20	1/31・02	2/27・10	3/26・20	4/23・06	5/20・16	6/16・23	7/14・05	8/10・11	9/6・18	10/4・03	10/31・14	11/28・00	12/25・07
牡牛座		1/6・00	2/2・05	3/1・11	3/28・20	4/25・07	5/22・17	6/19・02	7/16・09	8/12・14	9/8・20	10/6・05	11/2・15	11/30・02	12/27・12
双子座		1/8・02	2/4・08	3/3・13	3/30・20	4/27・05	5/24・16	6/21・03	7/18・11	8/14・17	9/10・23	10/8・08	11/4・18	12/2・02	12/29・13
蟹 座		1/10・03	2/6・11	3/5・17	4/1・22	4/29・06	5/26・16	6/23・03	7/20・12	8/16・20	9/13・01	10/10・07	11/6・15	12/4・01	12/31・13
獅子座		1/12・07	2/9・15	3/7・22	4/4・03	5/1・10	5/28・18	6/25・04	7/22・14	8/18・23	9/15・05	10/12・11	11/8・17	12/6・01	
乙女座		1/14・12	2/10・22	3/10・05	4/6・11	5/3・17	5/31・00	6/27・08	7/24・18	8/21・03	9/17・11	10/14・17	11/10・22	12/8・05	
天秤座		1/16・22	2/13・07	3/12・15	4/8・21	5/6・03	6/2・09	6/29・16	7/27・01	8/23・10	9/19・17	10/17・00	11/13・07	12/10・12	
蠍 座		1/19・10	2/15・18	3/15・02	4/11・09	5/8・15	6/4・21	7/2・04	7/29・11	8/25・19	9/22・04	10/19・11	11/15・17	12/12・23	
射手座		1/21・22	2/18・07	3/17・14	4/13・21	5/11・03	6/7・09	7/4・16	7/31・23	8/28・07	9/24・15	10/21・23	11/18・05	12/15・12	
山羊座		1/24・09	2/20・18	3/20・03	4/16・10	5/13・16	6/9・22	7/7・04	8/3・12	8/30・20	9/27・04	10/24・12	11/20・18	12/18・00	
水瓶座		1/26・17	2/23・02	3/22・12	4/18・20	5/16・03	6/12・09	7/9・15	8/5・22	9/2・06	9/29・15	10/27・00	11/23・07	12/20・12	
魚 座	1/1・16	1/28・22	2/25・07	3/24・18	4/21・03	5/18・11	6/14・17	7/11・23	8/8・05	9/4・14	10/1・23	10/29・09	11/25・17	12/22・23	

1991

牡羊座		1/21・13	2/17・19	3/17・02	4/13・11	5/10・21	6/7・05	7/4・13	7/31・19	8/28・01	9/24・07	10/21・16	11/18・02	12/15・13	
牡牛座		1/23・18	2/20・00	3/19・06	4/15・15	5/13・01	6/9・11	7/6・19	8/3・02	8/30・07	9/26・13	10/23・15	11/20・07	12/17・18	
双子座		1/25・22	2/22・04	3/21・09	4/17・16	5/15・02	6/11・12	7/8・22	8/5・06	9/1・13	9/28・18	10/26・01	11/22・10	12/19・21	
蟹 座		1/27・23	2/24・06	3/23・12	4/19・18	5/17・02	6/13・12	7/10・23	8/7・08	9/3・16	9/30・21	10/28・03	11/24・11	12/21・21	
獅子座	1/2・12	1/30・00	2/26・09	3/25・15	4/21・21	5/19・03	6/15・12	7/12・22	8/9・06	9/5・14	10/2・20	10/29・23	11/26・01	12/23・05	
乙女座	1/4・14	2/1・01	2/28・11	3/27・19	4/24・01	5/21・06	6/17・14	7/14・23	8/11・09	9/7・19	10/5・03	11/1・09	11/28・15	12/25・22	
天秤座	1/6・18	2/3・06	3/2・15	3/30・00	4/26・07	5/23・13	6/19・19	7/17・02	8/13・11	9/9・21	10/7・07	11/3・14	11/30・19	12/28・01	
蠍 座	1/9・05	2/5・14	3/4・23	4/1・08	4/28・15	5/25・21	6/22・03	7/19・09	8/15・17	9/12・02	10/9・11	11/5・20	12/3・02	12/30・08	
射手座	1/11・18	2/8・01	3/7・09	4/3・17	5/1・01	5/28・08	6/24・14	7/21・20	8/18・03	9/14・11	10/11・19	11/8・04	12/5・11		
山羊座	1/14・06	2/10・14	3/9・22	4/6・06	5/3・13	5/30・20	6/27・02	7/24・08	8/20・15	9/16・23	10/14・07	11/10・15	12/7・22		
水瓶座	1/16・19	2/13・02	3/12・10	4/8・18	5/6・02	6/2・09	6/29・15	7/26・21	8/23・04	9/19・11	10/16・20	11/13・03	12/10・11		
魚 座	1/19・05	2/15・11	3/14・20	4/11・05	5/8・14	6/4・21	7/2・03	7/29・09	8/25・15	9/21・23	10/19・07	11/15・16	12/13・00		

1992

牡羊座		1/11・18	2/7・00	3/6・06	4/2・13	4/29・21	5/27・05	6/23・14	7/20・21	8/17・03	9/13・09	10/10・15	11/6・23	12/4・07	12/31・16
牡牛座		1/14・02	2/10・09	3/8・15	4/4・21	5/2・05	5/29・14	6/25・23	7/23・07	8/19・14	9/15・19	10/13・01	11/9・09	12/6・18	
双子座		1/16・07	2/12・16	3/10・22	4/7・03	5/4・10	5/31・19	6/28・05	7/25・14	8/21・22	9/18・04	10/15・09	11/11・17	12/9・01	
蟹 座		1/18・09	2/14・19	3/13・02	4/9・08	5/6・14	6/2・21	6/30・07	7/27・18	8/24・03	9/20・10	10/17・16	11/13・22	12/11・06	
獅子座		1/20・10	2/16・20	3/15・05	4/11・11	5/8・17	6/4・23	7/2・11	7/29・23	8/26・05	9/22・14	10/19・22	11/16・02	12/13・08	
乙女座		1/22・08	2/18・23	3/17・06	4/13・14	5/10・19	6/7・01	7/4・08	7/31・18	8/28・04	9/24・15	10/21・23	11/18・06	12/15・10	
天秤座		1/24・09	2/20・22	3/19・09	4/15・15	5/12・23	6/9・04	7/6・10	8/2・18	8/30・04	9/26・14	10/24・00	11/20・08	12/17・13	
蠍 座		1/26・14	2/22・23	3/21・09	4/17・19	5/15・03	6/11・09	7/8・14	8/4・21	9/1・05	9/28・15	10/26・02	11/22・10	12/19・17	
射手座	1/1・17	1/28・23	2/25・06	3/23・15	4/20・00	5/17・09	6/13・16	7/10・22	8/7・07	9/3・17	9/30・19	10/28・09	11/24・19	12/21・23	
山羊座	1/4・05	1/31・11	2/27・17	3/26・01	4/22・09	5/19・18	6/16・01	7/13・08	8/9・13	9/5・20	10/3・03	10/30・12	11/26・21	12/24・06	
水瓶座	1/6・17	2/3・00	3/1・06	3/28・13	4/24・21	5/22・05	6/18・13	7/15・20	8/12・02	9/8・08	10/5・15	11/1・22	11/28・08	12/25・19	
魚 座	1/9・06	2/5・12	3/3・19	3/31・02	4/27・10	5/24・18	6/21・01	7/18・08	8/14・14	9/10・20	10/8・03	11/4・11	12/1・19	12/29・03	

1993

牡羊座		1/27・23	2/24・05	3/23・11	4/19・18	5/17・01	6/13・09	7/10・17	8/7・00	9/3・07	9/30・13	10/27・19	11/24・02	12/21・09	
牡牛座	1/3・03	1/30・11	2/26・18	3/25・23	4/22・06	5/19・13	6/15・21	7/13・05	8/9・13	9/5・20	10/3・02	10/30・08	11/26・15	12/23・23	
双子座	1/5・11	2/1・21	3/1・04	3/28・10	4/24・16	5/21・23	6/18・07	7/15・16	8/12・00	9/8・08	10/5・14	11/1・20	11/29・02	12/26・10	
蟹 座	1/7・16	2/4・02	3/3・12	3/30・19	4/27・00	5/24・06	6/20・14	7/17・23	8/14・08	9/10・17	10/8・00	11/4・06	12/1・12	12/28・19	
獅子座	1/9・17	2/6・04	3/5・15	4/2・00	4/29・06	5/26・12	6/22・18	7/20・02	8/16・13	9/12・22	10/10・07	11/6・14	12/3・19	12/31・01	
乙女座	1/11・18	2/8・04	3/7・15	4/4・02	5/1・09	5/28・15	6/24・21	7/22・04	8/18・13	9/15・00	10/12・10	11/8・17	12/6・00		
天秤座	1/13・19	2/10・03	3/9・14	4/6・01	5/3・11	5/30・18	6/27・03	7/24・05	8/20・13	9/16・23	10/14・10	11/10・20	12/8・04		
蠍 座	1/15・22	2/12・05	3/11・14	4/8・01	5/5・11	6/1・20	6/29・02	7/26・07	8/22・14	9/18・23	10/16・10	11/12・20	12/10・06		
射手座	1/18・04	2/14・10	3/13・17	4/10・03	5/7・13	6/3・23	7/1・06	7/28・12	8/24・17	9/21・00	10/18・10	11/14・23	12/12・17		
山羊座	1/20・12	2/16・18	3/16・00	4/12・08	5/9・17	6/6・03	7/3・11	7/30・17	8/26・23	9/23・05	10/20・13	11/16・23	12/14・12		
水瓶座	1/22・22	2/19・05	3/18・10	4/14・17	5/12・01	6/8・10	7/5・19	8/2・02	8/29・08	9/25・14	10/22・22	11/19・05	12/16・14		
魚 座	1/25・10	2/21・17	3/20・23	4/17・05	5/14・12	6/10・20	7/8・05	8/4・12	8/31・19	9/28・01	10/25・07	11/21・14	12/18・22		

1994

牡羊座		1/17・18	2/14・02	3/13・09	4/9・16	5/6・22	6/3・04	6/30・12	7/27・20	8/24・04	9/20・12	10/17・19	11/14・00	12/11・07	
牡牛座		1/20・07	2/16・15	3/15・22	4/12・04	5/9・10	6/5・17	7/3・00	7/30・08	8/26・16	9/22・23	10/20・06	11/16・12	12/13・18	
双子座		1/22・19	2/19・04	3/18・11	4/14・17	5/11・23	6/8・06	7/5・13	8/1・22	8/29・06	9/25・13	10/22・19	11/19・01	12/16・07	
蟹 座		1/25・04	2/21・14	3/20・22	4/17・05	5/14・11	6/10・17	7/8・00	8/4・08	8/31・16	9/28・00	10/25・06	11/21・14	12/18・20	
獅子座		1/27・09	2/23・20	3/23・06	4/19・14	5/16・20	6/13・02	7/10・08	8/6・13	9/3・00	9/30・06	10/27・14	11/24・00	12/21・06	
乙女座	1/2・06	1/29・13	2/25・23	3/25・10	4/21・19	5/19・03	6/15・09	7/12・14	8/8・21	9/5・06	10/2・15	10/30・02	11/26・12	12/23・16	
天秤座	1/4・09	1/31・17	2/28・05	3/27・21	4/24・05	5/21・10	6/17・14	7/14・19	8/11・01	9/7・10	10/4・20	11/1・08	11/28・17	12/25・20	
蠍 座	1/6・12	2/2・17	3/2・00	3/29・20	4/26・06	5/23・08	6/19・11	7/16・16	8/13・00	9/9・14	10/7・03	11/3・17	11/30・22	12/27・22	
射手座	1/8・15	2/4・21	3/4・02	3/31・10	4/29・02	5/25・08	6/21・10	7/19・02	8/15・05	9/11・19	10/9・11	11/5・20	12/2・17	12/30・03	
山羊座	1/10・19	2/7・02	3/6・07	4/2・14	5/1・16	5/27・15	6/23・18	7/21・03	8/17・14	9/14・05	10/11・20	11/8・05	12/4・18		
水瓶座	1/13・02	2/9・08	3/8・14	4/4・19	5/4・04	5/29・22	6/26・06	7/23・14	8/19・22	9/16・07	10/13・14	11/10・06	12/6・19		
魚 座	1/15・08	2/11・16	3/10・23	4/7・04	5/4・10	5/31・19	6/28・05	7/25・18	8/21・05	9/18・03	10/15・09	11/11・15	12/8・22		

1995

牡羊座		1/7・14	2/4・00	3/3・09	3/30・17	4/26・23	5/24・05	6/20・11	7/17・19	8/14・04	9/10・14	10/7・22	11/4・05	12/1・10	12/28・17
牡牛座		1/10・01	2/6・10	3/5・18	4/2・02	4/29・09	5/26・15	6/22・21	7/20・04	8/16・12	9/12・21	10/10・06	11/6・13	12/2・19	12/31・01
双子座		1/12・14	2/8・22	3/8・06	4/4・14	5/1・21	5/29・04	6/25・10	7/22・16	8/18・23	9/15・07	10/12・17	11/9・03	12/6・06	
蟹 座		1/15・03	2/11・11	3/10・19	4/7・03	5/4・10	5/31・16	6/27・22	7/25・05	8/21・12	9/17・20	10/15・04	11/11・11	12/8・18	
獅子座		1/17・13	2/13・21	3/13・06	4/9・15	5/6・22	6/3・05	6/30・11	7/27・17	8/24・00	9/20・08	10/17・16	11/14・00	12/11・07	
乙女座		1/19・21	2/16・04	3/15・13	4/11・23	5/9・08	6/5・15	7/2・21	7/30・03	8/26・09	9/22・18	10/20・03	11/16・12	12/13・19	
天秤座		1/22・03	2/18・09	3/17・18	4/14・04	5/11・14	6/7・23	7/5・05	8/1・11	8/28・17	9/25・00	10/22・11	11/18・23	12/16・05	
蠍 座		1/24・08	2/20・14	3/19・22	4/16・06	5/13・16	6/10・03	7/7・11	8/3・17	8/30・22	9/27・05	10/24・14	11/21・00	12/18・11	
射手座		1/26・11	2/22・17	3/21・22	4/18・06	5/15・16	6/12・03	7/9・13	8/5・21	9/2・02	9/29・08	10/26・15	11/23・01	12/20・13	
山羊座	1/1・03	1/28・13	2/24・20	3/24・01	4/20・07	5/17・16	6/14・03	7/11・13	8/7・22	9/4・05	10/1・11	10/28・17	11/25・01	12/22・12	
水瓶座	1/3・04	1/30・15	2/26・23	3/26・05	4/22・10	5/19・17	6/16・02	7/13・13	8/9・23	9/6・07	10/3・13	10/30・19	11/27・02	12/24・11	
魚 座	1/5・07	2/1・18	3/1・03	3/28・10	4/24・15	5/21・20	6/18・05	7/15・14	8/12・00	9/8・10	10/5・17	11/1・23	11/29・04	12/26・12	

1996

牡羊座		1/25・01	2/21・11	3/19・21	4/16・06	5/13・12	6/9・17	7/6・00	8/3・08	8/30・18	9/27・05	10/24・14	11/20・21	12/18・02	
牡牛座		1/27・07	2/23・16	3/22・02	4/18・11	5/15・18	6/12・00	7/9・06	8/5・13	9/1・21	9/29・07	10/26・17	11/23・01	12/20・07	
双子座	1/2・11	1/29・18	2/26・01	3/24・10	4/20・19	5/18・03	6/14・09	7/11・15	8/7・21	9/4・04	10/1・13	10/28・23	11/25・07	12/22・12	
蟹 座	1/4・00	2/1・06	2/28・13	3/26・21	4/23・05	5/20・13	6/16・20	7/14・02	8/10・08	9/6・14	10/3・22	10/31・07	11/27・16	12/24・23	
獅子座	1/7・13	2/3・19	3/2・02	3/29・10	4/25・18	5/23・01	6/19・06	7/16・15	8/12・20	9/9・03	10/6・10	11/2・18	11/30・03	12/27・10	
乙女座	1/10・00	2/6・06	3/4・13	3/31・21	4/28・06	5/25・14	6/21・21	7/19・03	8/15・19	9/11・15	10/8・23	11/5・07	12/2・15	12/29・23	
天秤座	1/12・12	2/8・17	3/6・23	4/3・06	4/30・15	5/28・01	6/24・09	7/21・15	8/17・21	9/14・03	10/11・10	11/7・18	12/5・03		
蠍 座	1/14・19	2/11・01	3/9・06	4/5・13	5/2・22	5/30・08	6/26・17	7/24・01	8/20・07	9/16・12	10/13・19	11/10・03	12/7・15		
射手座	1/16・22	2/13・06	3/11・12	4/7・17	5/5・01	6/1・11	6/28・21	7/26・06	8/22・14	9/18・20	10/16・01	11/12・08	12/9・17		
山羊座	1/18・23	2/15・08	3/13・15	4/9・21	5/7・03	6/3・11	6/30・22	7/28・08	8/24・17	9/21・00	10/18・06	11/14・12	12/11・20		
水瓶座	1/20・22	2/17・09	3/15・17	4/11・23	5/9・05	6/5・12	7/2・21	7/30・08	8/26・20	9/23・03	10/20・09	11/16・14	12/13・21		
魚 座	1/22・22	2/19・09	3/17・19	4/14・02	5/11・07	6/7・13	7/4・21	8/1・07	8/28・18	9/25・04	10/22・14	11/18・17	12/15・23		

1997

牡羊座		1/14・08	2/10・17	3/10・05	4/6・15	5/3・00	5/31・06	6/27・12	7/24・20	8/21・03	9/17・15	10/15・00	11/11・00	12/8・16	
牡牛座		1/16・13	2/12・20	3/12・06	4/8・16	5/6・02	6/2・10	6/29・15	7/26・21	8/23・04	9/19・13	10/17・00	11/13・11	12/10・19	
双子座		1/18・20	2/15・02	3/14・10	4/10・19	5/8・05	6/4・14	7/1・21	7/29・02	8/25・09	9/21・16	10/19・01	11/15・22	12/12・22	
蟹 座		1/21・15	2/17・11	3/16・18	4/13・02	5/10・11	6/6・20	7/4・04	7/31・10	8/27・15	9/23・22	10/21・06	11/17・16	12/15・01	
獅子座		1/23・17	2/19・23	3/19・05	4/15・12	5/12・21	6/9・05	7/6・13	8/2・19	8/30・01	9/27・07	10/23・14	11/19・23	12/17・08	
乙女座		1/26・05	2/22・12	3/21・18	4/18・01	5/15・09	6/11・17	7/9・00	8/5・07	9/1・13	9/28・19	10/26・02	11/22・09	12/19・18	
天秤座	1/1・12	1/28・18	2/25・00	3/24・07	4/20・14	5/17・21	6/14・06	7/11・13	8/7・20	9/4・03	10/1・09	10/28・15	11/24・22	12/22・07	
蠍 座	1/3・22	1/31・06	2/27・12	3/26・18	4/23・00	5/20・08	6/16・17	7/14・01	8/10・09	9/6・15	10/3・22	10/31・03	11/27・11	12/24・22	
射手座	1/6・04	2/2・14	3/1・21	3/29・03	4/25・09	5/22・16	6/19・01	7/16・10	8/12・19	9/9・02	10/6・08	11/2・13	11/29・20	12/27・05	
山羊座	1/8・07	2/4・18	3/4・03	3/31・09	4/27・15	5/24・22	6/21・08	7/18・15	8/15・01	9/11・09	10/8・16	11/4・22	12/2・04	12/29・12	
水瓶座	1/10・07	2/6・21	3/6・05	4/2・13	4/29・19	5/27・00	6/23・07	7/20・16	8/17・01	9/13・13	10/10・21	11/7・04	12/4・12	12/31・19	
魚 座	1/12・07	2/8・18	3/8・05	4/4・15	5/1・22	5/29・03	6/25・09	7/22・17	8/19・03	9/15・14	10/12・00	11/9・08	12/6・13		

1998

牡羊座		1/4・22	2/1・04	2/28・14	3/28・01	4/24・12	5/21・20	6/18・02	7/15・08	8/11・14	9/7・23	10/5・10	11/1・20	11/29・06	12/26・12
牡牛座		1/7・01	2/3・06	3/2・14	3/30・00	4/26・11	5/23・21	6/20・05	7/17・11	8/13・16	9/9・23	10/7・09	11/3・20	12/1・07	12/28・15
双子座		1/9・05	2/5・10	3/4・17	4/1・01	4/28・11	5/25・21	6/22・06	7/19・13	8/15・19	9/12・01	10/9・09	11/5・19	12/3・07	12/30・14
蟹 座		1/11・10	2/7・16	3/6・21	4/3・04	4/30・13	5/27・23	6/24・09	7/21・17	8/17・23	9/14・04	10/11・11	11/7・20	12/5・06	
獅子座		1/13・17	2/9・00	3/9・06	4/5・12	5/2・19	5/30・04	6/26・13	7/23・22	8/20・05	9/16・11	10/13・16	11/9・22	12/7・09	
乙女座		1/16・03	2/12・10	3/11・17	4/7・22	5/5・05	6/1・12	6/28・21	7/26・06	8/22・13	9/18・20	10/16・02	11/12・08	12/9・15	
天秤座		1/18・15	2/14・22	3/14・05	4/10・11	5/7・17	6/4・00	7/1・08	7/28・16	8/25・00	9/21・07	10/18・13	11/14・20	12/12・02	
蠍 座		1/21・04	2/17・11	3/16・18	4/12・00	5/10・06	6/6・13	7/3・21	7/31・05	8/27・12	9/23・19	10/21・02	11/17・08	12/14・14	
射手座		1/23・14	2/19・23	3/19・06	4/15・12	5/12・18	6/9・01	7/6・08	8/2・17	8/30・01	9/26・07	10/23・14	11/19・22	12/17・08	
山羊座		1/25・22	2/22・07	3/21・16	4/17・22	5/15・04	6/11・10	7/8・17	8/5・02	9/1・11	9/28・20	10/26・02	11/22・09	12/19・15	
水瓶座		1/28・01	2/24・12	3/23・22	4/20・06	5/17・12	6/13・17	7/10・00	8/7・09	9/3・18	10/1・04	10/28・11	11/24・18	12/21・23	
魚 座	1/2・19	1/30・03	2/26・14	3/26・01	4/22・10	5/19・17	6/15・23	7/13・04	8/9・12	9/5・22	10/3・08	10/30・18	11/27・01	12/24・07	

1999

牡羊座		1/22・17	2/19・00	3/18・09	4/14・20	5/12・05	6/8・14	7/5・20	8/2・02	8/29・08	9/25・17	10/23・05	11/19・13	12/16・22	
牡牛座		1/24・21	2/21・02	3/20・10	4/16・20	5/14・07	6/10・17	7/8・00	8/4・06	8/31・12	9/27・19	10/25・04	11/21・15	12/19・01	
双子座		1/26・23	2/23・05	3/22・11	4/18・20	5/16・06	6/12・17	7/10・02	8/6・09	9/2・14	9/29・20	10/27・05	11/23・15	12/21・03	
蟹 座	1/1・12	1/29・02	2/25・08	3/24・14	4/20・22	5/18・06	6/14・16	7/12・02	8/8・11	9/4・17	10/1・22	10/29・05	11/25・14	12/23・02	
獅子座	1/3・20	1/31・05	2/27・13	3/26・18	4/23・00	5/20・08	6/16・17	7/14・03	8/10・13	9/6・20	10/4・02	10/31・10	11/27・23	12/25・12	
乙女座	1/6・01	2/2・11	3/1・19	3/29・02	4/25・07	5/22・13	6/18・21	7/16・06	8/12・16	9/9・01	10/6・08	11/2・19	11/30・09	12/27・04	
天秤座	1/8・04	2/4・14	3/3・23	3/31・07	4/27・12	5/24・18	6/21・02	7/18・13	8/14・22	9/11・08	10/8・15	11/4・11	12/2・04	12/29・13	
蠍 座	1/10・22	2/7・06	3/6・14	4/2・22	4/30・04	5/27・10	6/23・16	7/20・22	8/17・08	9/13・16	10/11・00	11/7・09	12/4・22	12/31・19	
射手座	1/13・10	2/9・19	3/9・03	4/5・10	5/2・15	5/29・20	6/26・05	7/23・12	8/19・20	9/16・06	10/13・15	11/10・05	12/7・00		
山羊座	1/15・21	2/12・06	3/11・15	4/7・21	5/5・03	6/1・08	6/28・14	7/25・21	8/22・06	9/18・16	10/16・02	11/12・15	12/10・09		
水瓶座	1/18・06	2/14・15	3/14・01	4/10・09	5/7・14	6/3・19	7/1・04	7/28・09	8/24・17	9/21・03	10/18・14	11/15・04	12/12・22		
魚 座	1/20・13	2/16・21	3/16・07	4/12・17	5/10・01	6/6・08	7/3・14	7/30・19	8/27・03	9/23・16	10/20・20	11/17・06	12/14・13		

Keiko

1963年生まれ。慶応義塾大学法学部卒業。(社)ルナロジー協会代表理事。実業家。(株)電通退社後、ソウルメイトリーディングの第一人者IVARNA（イヴァルナ）のエージェントとなり、約6000件の鑑定に携わる。「占星術は占いではなく、天空のエネルギーを読み取るスキル」というポリシーのもと発信される開運情報は政財界、芸能界にもファンが多く、メルマガ読者は5万人を超える。波動とクオリティにこだわったオリジナルアイテムを「K's Selection」で展開するほか、ヨーロッパ系ハイブランドの総代理店を務めるなど実業家としての顔も持つ。『自分の「引き寄せ力」を知りたいあなたへ』『月星座ダイアリー2017』（マガジンハウス）など、著書多数。

🌸 ブログ「Keiko的、占星術な日々。」
http://ameblo.jp/hikiyose358

🌸 メルマガ登録サイト（毎週日曜日＋新月の日に配信）
http://www.hikiyose.biz/melmaga_history1.htm

🌸 Instagram
https://www.instagram.com/keikoariizumi

🌸 ソウルメイトリーディング申込みサイト
http://www.soulmate-japan.com

🌸 オリジナルショップ「K's Selection」
http://www.ks-selection.com

🌸 KeikoのLINE公式アカウント

Keiko的 Lunalogy
お金の「引き寄せ力」を知りたいあなたへ

2017年3月3日　第1刷発行
2017年3月27日　第3刷発行

著　者　　Keiko
発行人　　石﨑　孟
発行所　　株式会社マガジンハウス
　　　　　〒104-8003　東京都中央区銀座3-13-10
　　　　　書籍編集部 ☎ 03-3545-7030
　　　　　受注センター ☎ 049-275-1811

印刷・製本　中央精版印刷株式会社

©2017 Keiko, Printed in Japan
ISBN978-4-8387-2912-8　C0095

乱丁本・落丁本は購入書店明記のうえ、小社制作管理部宛にお送りください。送料小社負担にてお取り替えいたします。但し、古書店等で購入されたものについてはお取り替えできません。定価はカバーと帯に表示してあります。本書の無断複製（コピー、スキャン、デジタル化等）は禁じられています（ただし、著作権法上での例外は除く）。断りなくスキャンやデジタル化することは著作権法違反に問われる可能性があります。

マガジンハウスホームページ http://magazineworld.jp/